SPRING

野

更具体地生长

All This Wild Hope

"用什么词来形容你的作品最恰当？"

"反叛。"

———

"你相信艺术品，还是相信艺术家？"
"都不信。我信人类。"

Conversations
with
Trailblazing Creative Women

Portrait of an Artist

Hugo Huerta Marin

脸庞，锋芒
与25位先锋女性对谈

GUANGXI NORMAL UNIVERSITY PRESS
广西师范大学出版社
·桂林·

[墨西哥] 乌戈·韦尔塔·马林 著
于是 译

图书在版编目（CIP）数据

脸庞，锋芒：与25位先锋女性对谈/（墨）乌戈·
韦尔塔·马林著；于是译.——桂林：广西师范大学出
版社，2024.6（2025.3重印）

书名原文: Portrait of an Artist: Conversations
with Trailblazing Creative Women

ISBN 978-7-5598-6360-7

Ⅰ.①脸… Ⅱ.①乌… ②于… Ⅲ.①女性－艺术家
－访问记－世界－现代 Ⅳ.①K815.7

中国国家版本馆CIP数据核字（2023）第173744号

著作权合同登记号桂图登字：20-2023-074号

LIANPANG, FENGMANG : YU ERSHIWUWEI XIANFENG NÜXING DUITAN
脸庞，锋芒：与25位先锋女性对谈

作　　者：〔墨西哥〕乌戈·韦尔塔·马林
责任编辑：谭宇墨凡
特约编辑：夏明浩
装帧设计：汐　和 at compus studio
内文制作：陆　靓

广西师范大学出版社出版发行

广西桂林市五里店路9号　邮政编码：541004
网址：www.bbtpress.com

出版人：黄轩庄
全国新华书店经销
发行热线：010-64284815
北京启航东方印刷有限公司印刷
开本：787mm×1092mm　1/32
印张：18.5　　　　　字数：307千
2024年6月第1版　2025年3月第4次印刷
定价：128.00元

如发现印装质量问题，影响阅读，请与出版社发行部门联系调换。

This book is dedicated to my biggest influence and inspiration, my mother Alicia.

谨以此书献给我的母亲艾丽西亚，
她给我的灵感和影响刻骨铭心。

INTRODUCTION

导言

乌戈·韦尔塔·马林

几千年来，上至国王和神灵、皇帝和英雄，下至独裁者、煽动者、殖民者以及那些居心险恶、玩弄权术之人，人们描绘这些古代文明世界中的偶像时都会用到肖像。肖像艺术一直是雕塑家、画家和摄影家的创作领域。然而，肖像画的概念已与时俱进，其微妙复杂的特性也已随之演变。

我一直对肖像的概念，对艺术家如何通过肖像画来展现历史、历史上围绕肖像画的精英主义及其范式，以及谁应当被画入肖像画很感兴趣。我也常常好奇画中古人的面容在现实生活里会是什么样子——我们今天的模样与一千年前应该大不一样。

我是在墨西哥城长大的，那是一个保守的天主教社会，女性往往被认为比男性地位低下，但抚养我长大的母亲向我展示了另一种真切的现实,她——和其他引领我的强大女性一样——帮助我拓宽了认知。艺术界也一样,令我仰慕的女性艺术家数不胜数,为我展现了无穷无尽的灵感源泉。她们的作品撼动了既定信仰体系的构成,质疑了我们惯于接受的那些准则。

数年后,我搬到纽约,被引荐给了行为艺术家玛丽娜·阿布拉莫维奇,不久后我开始与她共事。自此之后,我以前所理解的那个世界不复存在。玛丽娜拓宽了我在人格和智性层面的视野,令我的世界辽阔到不可思议。

某个夏末的夜里,我们正在纽约上州工作,我突然强烈地想要为她制作一幅肖像。我想用镜头取其神采,也想捕捉她的话语,用最坦诚、最直言不讳的方式去表现。那次肖像创作过程中的对话部分特别好,竟然那么成功,我之前想都不敢想。那次实践催生出一个想法:我想为更多以其独特而重要的创作方式重塑创意产业的先锋女性艺术家创作肖像。

就这样开始了……

这七年里，经历了数不清的旅程，我向玛丽娜·阿布拉莫维奇、凯特·布兰切特、安妮·蓝妮克丝、缪西亚·普拉达、安杰莉卡·休斯顿、卡丽·梅·威姆斯、黛安·冯·弗斯滕伯格、小野洋子、特蕾西·艾敏、凯瑟琳·德纳芙、施林·奈沙、安·迪穆拉米斯特、塔尼亚·布鲁格拉、川久保玲、奇奇·史密斯、奥兰、朱莉安·摩尔、伊内兹·范·兰姆斯韦德、夏洛特·甘斯布、FKA Twigs、乌玛·瑟曼、伊莎贝尔·于佩尔、珍妮·霍尔泽、黛比·哈利和阿涅斯·瓦尔达提出了同一个问题：能否为您创作肖像？

为了更透彻地了解她们，我提出请求，希望能在她们的家、工作室、剧院、画廊或任何她们觉得舒服的地方见面。为了理解她们毕生的创作，我想问她们很多问题，还想针对她们不同的经历，用一些通用但很具体的问题将其置于同一尺幅中。

身为艺术家，我描绘过的每一位女性都在我心中留下了印记，每一次对谈都让我在知识、情感、精神和心理层面继承了她们的基因，我会永远珍藏这份宝贵的传承。本书的核心在于艺术家。打破窠臼的艺术家。改变规则的艺术家。破而再立的艺术家。突破艺术可能性之边界的艺术家。挑战现状的艺术家。质疑世俗观念、态度和渴望的艺术家。代表了更庞大的人群的艺术家。为其他艺术家开辟道路的艺术家。将与未来几代人产生共鸣的艺术家。这本书是关于艺术、美、欲望、痛苦、成功、重复、暴露、名声、羞耻、死亡、性、厌恶、吸引、反叛、灵性、种族、遗产、性别和宗教的。

最重要的是，这本书展现了先锋艺术家的群像，我相信，她们在塑造我们今日所见世界的过程中功不可没。

CONTENTS
目录

Do you think that art sh
philosophical question

Art should not just rais
questions, but should r
question. Even if a que
an answer, it should be
because the right ques
contain the answers in

uld raise
?

philosophical
ise every possible
ion doesn't have
asked anyway,
ons already
hemselves.

你认为艺术应该提出哲学问题吗？

艺术不该只是提出哲学问题，而应提
出所有可能的问题。哪怕问题没有答
案，也该被提出来，因为正确的问题
本身就包含了答案。

MA

Marina Abramović
玛丽娜·阿布拉莫维奇

NEW YORK, 2014

NA

RI

玛丽娜·阿布拉莫维奇 1946 年出生于贝尔格莱德，毫无疑问，她是这个时代最具影响力的艺术家之一。艺术生涯伊始，她就开创了独特的行为艺术。在探索肉身和精神极限的过程中，她经受了痛苦、疲惫和危险，以期探求情感和精神的变革。1997 年威尼斯双年展，她被授予金狮奖"最佳艺术家"。2010 年，玛丽娜在美国纽约现代艺术博物馆（MoMA）举办了首次大型回顾展，在作品《艺术家在场》[1] 中，她持续进行了七百多小时的即兴行为艺术表演。她还成立了玛丽娜·阿布拉莫维奇学院（MAI），为长期的、非物质性的创作提供平台，为各领域思想家的互相合作创造新的可能性。

　　我该怎样描述玛丽娜呢？她爱白色的墙壁，她收集水晶，还喜欢为她在纽约上州的家园买植株。要描述她，最好的办法也许是借由她给过我的一个建议。当时我们在巴西，我有点犹豫要不要去体验死藤水[2]。我问她觉得我该不该去，我这么问是因为我知道她体验死藤水的经历不太愉快，堪比卡夫卡式的噩梦感受。她的回答是："任何人的人生都不会因为他人的经历而改变。"我想这句话足以说明一切。也许，描述玛丽娜的最好方式就是让她在生命中袒露自我。

乌戈·韦尔塔·马林： 你是先锋行为艺术家，并把这门艺术引入主流视野。你认为行为艺术的未来会怎样？

玛丽娜·阿布拉莫维奇： 行为艺术是最具变革性的艺术形式之一。行为艺术永远不会消亡，哪怕它有时好像已从艺术活动中彻底消失了。它会以极不寻常的方式再次出现，光辉依旧。如果回顾一下历史，你很难确定行为艺术作为一种媒介是从何时、在何处开始的。我们要回溯多远？从超现实主义者开始吗？达达？未来派，还是激浪派[3]和偶发艺术[4]？我们要谈论戏剧和格洛托夫斯基[5]或塔迪乌斯·坎特[6]吗？我们会想到博伊斯[7]或白南准[8]吗？

要说行为艺术的来龙去脉，会有很多可供参考的事实，但行为艺术的巅峰出现在 20 世纪 70 年代，作为概念艺术的一种形式，当时被称为"身体艺术"。这种说法起源于维托·阿肯锡[9]："身体就是事件发生之地。"这就是身体艺术独有的概念。

然而，到了 20 世纪 70 年代末，行为艺术表演对艺术家造成伤害后，这种艺术形式终于丧失了力量。艺术家们不再愿意不断地出现在公众面前，宁可在隐蔽的工作室里表演，这大大剥夺了他们的能量。除此之外，还有艺术市场施加的压力，因为市场需要艺术家产生可以售卖的作品。受其感召的行为艺术家们开始探索新媒介，比如绘画、雕塑、混合媒介、录像等等。看这些作品如何变成具体的形象，并从中确凿地辨认出行为艺术的某些特定元素，这很有意思。像山德罗·基亚[10]和弗朗切斯科·克莱门特[11]以及他们那一代的艺术家们，他们的画风极其直白，你往骨子里看，那些画其实就是行为艺术。

20世纪80年代，许多人在艾滋病爆发时去世，整个艺术界和行为艺术好像都消失了。在那个时期，艺术家们主要用录像来创作。在那之后，行为艺术开始成为夜店场景里的一种元素——你在伦敦、巴黎和柏林的俱乐部里都能看到录制影像全力放送。

那个时期的先锋行为艺术家之一是李·包沃利[12]——在我看来，他也是最有才华的一位。包沃利发明了一种全新的行为艺术风格，糅合了戏剧、舞蹈和影像，并将影像重新纳入了这门艺术。接着，提诺·赛格尔[13]出现在大家面前。他编舞，也是舞者，他为行为艺术创造了一套全新的规则，吸引了大量的观众。他在行为艺术发展的不同时期里持续不断地表演。

我相信，行为艺术就像凤凰涅槃，一次又一次在灰烬中重生。每一代人对行为艺术以及它该如何突破界限的想法都不一样。在我看来，未来的行为艺术首先要应对非物质性的概念，这是当前技术和媒体不可思议的发展所带来的必然结果。另外，我相信行为艺术会走向声音的领域。噪声运动是相当重要的，因为对我来说，它的非物质性似乎更强，并直接涉及情感。

我不知道行为艺术将走向何方。我甚至不知道自己现在在做什么，不知道该怎么命名我在做的事。有时候，我们没有现成的标签去定义我们在做的新事物，所以需要花点时间，去了解我们应该给它贴上什么样的标签。好吧，我给出了一个很长的答案（笑）。

马林：特别棒的回答。你谈到了"这件事"所意味的牺牲。你为艺术做出的最大牺牲是什么？

阿布拉莫维奇：我所做的最大牺牲就是明白了怎样在创作艺术的同时，对自己的能量保持高度警惕，要有一种觉悟：

我不能有正常的人生，不会有正常的家庭，也不会有别人拥有的那些寻常事情，比如生几个孩子、坐在壁炉边给孙子织毛衣。这些都是我无法拥有的，反正，你不可能什么都要。话是这么说，但我不认为这是一种牺牲，因为我一直都想做艺术，别的事都在其次。

马林：行为艺术属于谁？艺术家本人吗？还是美术馆、博物馆？口述史？艺术史？

阿布拉莫维奇：首先，我认为这个问题适用于每一个艺术门类。行为艺术和其他艺术形式一样。艺术家创作作品，但有时他们可以非常自私，不喜欢把自己的作品给别人。比方说，他们会画一幅画，但永远也不"画完"，因为他们不想和自己的作品分开。

我的观点是：那种心态不对。我认为，一旦作品完成，它就不再属于艺术家本人了。作品属于别人，除了你以外的所有人。艺术家必须民主。艺术品有自己的生命，和创作者分离的生命。当然，你可以说，要是收藏家或博物馆买下了作品，它因此就属于他们了，但好的艺术品是超验的，属于每个人。

To me, the most radical performance is always the last one

对我来说，最激进的作品
总是最新完成的那一个

马林：为什么痛苦对艺术家如此重要？

阿布拉莫维奇：我认为痛苦对每个人都很重要。人类在生活中通常有两种恐惧：恐惧死亡，恐惧痛苦。历史上每一种文化和文明的艺术家都以不同方式处理过，并仍在处理这个问题。痛苦是通向感知的大门，通向意识的大门。我们都那么害怕面对痛苦，但一旦面对了，就能够理解痛苦，而当我们能够理解了，就能够控制它，不再害怕。当我们不再恐惧，就会得到解放，才能感受到内心有信念。我们都不可避免地会死，但如果感觉不到恐惧，就能含笑赴死。

马林：你害怕死亡吗？

阿布拉莫维奇：我要是说不怕，那就是撒谎。怕归怕，我一直在努力克服这种恐惧，我差不多每天都会想到死。此时此刻，坐在肖恩·凯利画廊里接受你的采访，我不得不说，我并不怕死。但是，假如坐飞机遇到气流颠簸或恶劣天气，我肯定怕死，因为那是一种无法控制的本能。但我已经接受了这个事实。我们每天都离死亡更近一点，记住这个非常重要。这样想，我们就能更加珍惜生命。

马林：你最激进的一次行为艺术是怎样的？

阿布拉莫维奇：行为艺术并不简单；我必须为此训练整个躯体。《艺术家在场》那次，在外界看来，我只是坐在椅子上。但这需要大量准备工作。我得像 NASA 培训宇航员那样操练我的身体。整整一年，我没有吃过一顿午餐，这样我的胃就不会产生胃酸。正常情况下，身体通过长期经验知道午餐时段能吃到东西，因而产生胃酸。如果你不吃午餐，血糖就会下降，结果浑身不舒服。为了抑制我在白天有尿意，我花了一整年时间只在晚上喝水。你必须训练你的身体，以便完成作品。

对我来说，最激进的作品总是最新完成的那一个。眼下我正在做《发动机》[14]，我甚至没有在做任何表演。相反，我和你坐在一起，做这个采访。这就很激进，你知道吗？你想想看，你现在是在商业画廊里，一个你必须看点什么、听点什么或买点什么的地方。可是呢，你不能听，不能看，也不能买。这是有点疯狂，但与此同时也打破了界限。在我的世界里，没什么不可能。你必须和自我关联，和纯粹的体验关联起来：这很重要。我不知道在这个作品之后我还能不能更激进一点。但你永远不知道以后会发生什么（笑）。这就让你回到了真正的自我。

马林：在你的创作中，为什么过程比结果更重要？

阿布拉莫维奇：因为结果无论如何都会来的。过程更重要，因为那好比一段旅程，你在行进中改变，不一定能马上看到结果。旅程越艰难，需要你付出的力量和精力就越多，你就越珍惜。这段旅程是为了带来改变而存在的，而非为了目的地。

马林：记录是行为艺术的一部分吗？

阿布拉莫维奇：当然是。在 20 世纪 70 年代早期，我创造艺术时不做任何形式的记录，因为艺术家群体中有一种激进的观念，认为记录本身不算是行为艺术的一部分。但后来，我的想法改变了。我意识到，既然行为艺术确实是一种艺术形式，那么，载入史册的唯一方式就是记录；除了呈现在作品中的人，只有现场记录能让发生的事件留下痕迹。即使是法老也要文官记载史实，再把那些文本刻到金字塔上。为什么艺术家或行为艺术表演不该享受同样的权利呢？

马林：你似乎完全理解了卡夫卡的箴言："保持安静、静止与独处。世界将在你脚下自由而狂喜地滚动。"

阿布拉莫维奇：我懂。这句话很重要，因为它说得千真万确，正是由于这个原因，我才创作出《夜海穿越》[15] 这个作品。如果你认为自己现在只是一动不动地坐在这把椅子上，那你就错了。实际上，你在移动——地球围绕太阳旋转，和太阳系中的所有行星一样。太阳在银河系中移动，而银河系又在宇宙中移动。已经有那么多的运转在发生，只要你在其中移动，其实就不再有所谓的"身在某处"，这个说法的意义就不存在，因为只要你在那里，在那一刻，一切都将在你面前显现——这个作品就是这种效果。

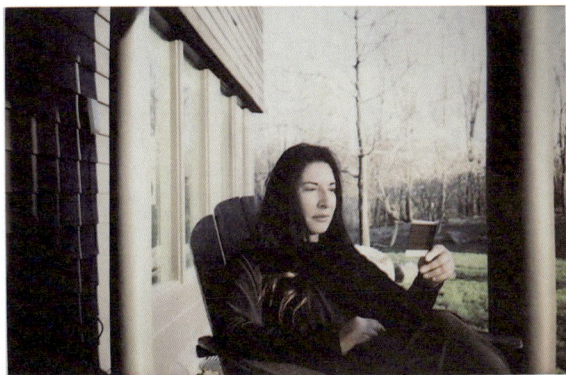

Performance is one of the most transformati forms of art. It never dies, even if at times it seems it has complete disappeared from art practice. It appears ag in very unusual ways, and in all its splendor ƞ

行为艺术是最具变革性的艺术形式之一。行为艺术永远不会消亡，哪怕它有时好像已从艺术活动中彻底消失了。它会以极不寻常的方式再次出现，光辉依旧

马林： 有些艺术家和哲学家认为，当代艺术缺乏精神性。你赞同吗？

阿布拉莫维奇： 我认为优秀艺术品总会内含精神性的一面，但作为开端的优秀艺术品总是匮乏的。每个世纪都会出现三四位伟大的艺术家，其他人不过是亦步亦趋。每个世纪，每个世代，每个缔造了伟大艺术品的伟大艺术家都向世人传递了超越时间的信息，他们都在自己的作品中运用了精神性的元素。否则，他们的艺术就不会产生影响力，也不会有超越性。好的作品总是和精神元素并存，这一点很重要：它会给予你深度，个中深奥需要你去理解，也经得起后人反复动用。

马林： 你认为艺术应该提出哲学问题吗？

阿布拉莫维奇： 艺术不该只是提出哲学问题，而应提出所有可能的问题。哪怕问题没有答案，也该被提出来，因为正确的问题本身就包含了答案。但仍有少数问题是我们都没有答案的：生命从何而来？我们为什么在这个星球上？这一切都是为了什么？我们是谁？每一代艺术家都在锲而不舍地尝试用创作来回答这些问题，或多或少取得了成功，但最终，不管哪个问题，我们仍然没有明确答案：我们彻彻底底地在黑暗中。

马林：有没有某种形式的传统，可以留待未来的年轻行为艺术家们继承？

阿布拉莫维奇：我不知道。这不是由我来说的，也不是他们能决定的。但艺术家要决不妥协地、诚实地创作，并且尽其所能做到最好，这一点非常重要。还要牢记一个重点：要谦逊，因为我们不知道未来会出现什么。但如果我能给后世留下一些什么，那就说明我这辈子值了。

马林："美"的观念在西方艺术史上意义重大，你的创作也有所反映。你的美学观是什么？

阿布拉莫维奇：我的美学观绝对不合常规。常规就是，比方说，一幅画的色彩要与你的沙发或地毯相配。我的观点是：美是可以令人不安的。美可以是丑陋。你可以在不对称的事物中找到美。美可以是腐朽：吃肉的蛆虫。美没有一个所谓的定义。重点在于你被什么打动了，有时，人们感受到美的方式有所不同。它可以仅仅是穿过布满灰尘

的窗户的一束阳光，你看到尘埃的颗粒飘浮在光线里。那只是尘埃，但可以美得难以置信。

马林：你已经走遍了世界各地，有没有哪个地方可以被你称作"家"？

阿布拉莫维奇：不，我没有家。我也没有工作室。我讨厌工作室，而且，我相信工作室对艺术家没好处，只会让艺术家变得懒惰和冗余。我喜欢出去做研究。最喜欢去远离文明，没有可口可乐，没有电的地方。那些地方是我的最爱！我对大自然感兴趣，对不同的文化感兴趣，还对那些知道我们尚不知晓的事并愿意告诉我们的人感兴趣。我在生命中毫无保留，并以这种方式得到了我的思想。我认为地球就是我的家。

如果你像我一样频繁旅行，就会知道，一旦在某个安稳的地方定下来，你就会有点幽闭恐惧。我很愿意去太空，从太空里看看地球的样子。我相信，只有游牧生活方式才能探索和保持好奇心。我在桌子底下就能睡觉。我可以在任何地方睡觉。我曾坐三等车厢在印度各地旅行，只能站着睡觉，但我很喜欢。真正能被称为家的地方只有一个——

相比于别处，你更了解但又不可能完全了解的地方——你自己的身体。

马林：哪里是你还没有去过但想去的？

阿布拉莫维奇：有两个地方我一直很感兴趣。一个是麦加，不是穆斯林就禁入。还有一个是希腊的阿索斯[16]，只有男人才能去。

马林：为什么想去麦加？

阿布拉莫维奇：对我来说，麦加这地方非常有意思，因为它绝对强大，是个"权力之地"。你看过那个奇特的黑色天房[17]吗？周围不断有朝圣者在移动，像一场人类活动构成的永恒的龙卷风，我觉得那很迷人。能量从未离开那个空间，而且总在自我再生。有些传说，说天房里有一块陨石，或外星飞船的残骸，或外星智慧。

马林：你说过，你不认为自己是个女性主义者。这是为什么？

阿布拉莫维奇：我认为新的运动正在兴起：一种新的女性主义。在我看来，"女性主义者"这个词已被滥用了，并已造成误解。我发现关于女性其他方面的探索更有趣。我一直在与萨满、藏传佛教徒合作，当你进入开悟的状态，或者头脑清明的状态时，你的身体会慢慢变得更女性化，而非男性化，这太有意思了。这种能量形态的变化对男性来说格外重要，因为他们的阳刚之气常常会导致强硬的态度、暴力的行为。

另一方面，在女性能量中，自然和灵魂更平衡，我们就有可能达成更有灵性的状态。所以，为了开发女性能量的这一面，男性必须接受高层次的灵性。只有当女性特质和大自然紧密关联时，我才对女性主义感兴趣：比方说，为什么地球会被视为女性，以及它是如何被视为母亲的。我相信这会让我们的灵魂更加清晰。但是，我对女性主义与性别分裂之间的关系并不感兴趣。我觉得，重要的是理解男性特质、女性特质与灵性的关系，因为男人和女人都同时拥有阴柔与阳刚的能量。

马林：你相信艺术品，还是相信艺术家？

阿布拉莫维奇：都不信。我信人类，不管什么行业的人。人类的潜力如此丰盛。你是艺术家，是鞋匠，还是道路清洁工，我根本不在乎。重要的是明白你是谁。

马林：越来越多的艺术家成了名人，你对此有何看法？

阿布拉莫维奇：这是一种副作用；是伴随你的创作而来的结果。重要的是别贪慕虚名，而应该意识到，名声会来也会走。你应该充分利用它，创造一个平台，让你的声音被别人听到。如此一来，你的作品就能对人们产生更深远的影响。成为名人，你就有了权力，但这种权力可能非常危险，足以摧毁你。它也会有负面影响：最初喜欢你和你的作品的人会开始讨厌你，因为你成了大明星——而事实上，正是他们把你推到这个位置上的（笑）。举个例子，你可能和某个时装设计师合作，结果被批得体无完肤。我倒是觉得这种批判很有趣；我相信他们是想看你受苦，看你挣扎。我五十岁之前付不起电费，但现在可以了。

马林：在职业生涯的哪个节点，你觉得自己是个成功的艺术家了？

It is very important that artists create without compromise, with hon and do the best they possibly can ty,

艺术家要决不妥协地、诚实地创作，
并且尽其所能做到最好，
这一点非常重要

阿布拉莫维奇： 我在《欲望都市》中"出镜"的那一刻。经过我的同意，有个女演员在剧中扮演了我。就是在那一刻，我知道自己将成为大众文化的一部分了。电视剧播出后的第二天，我在阿姆斯特丹，去我家附近一家昂贵的蔬果店买菜，那儿有特别好吃的草莓，但真的好贵。我几乎没怎么去过那家店——因为那段日子里我手头很紧，兜里一直没钱——但售货的女士以前就认得我，那天她看着我说道："哦！请把这些草莓拿走吧，不要钱，我们在《欲望都市》中看到你啦！"我记得我当时心想："哇哦！这招挺管用啊！"（笑）

马林：（笑）你担心自己被过度曝光吗？

阿布拉莫维奇： 是的。这确实很难，尤其像现在，有这么多工作要做的时候。抛头露面也和你释放出去的能量有关。有些时候，我感觉很好，能量很足；但也有些时候真的精力不济，被掏空了。那就会很危险，因为会殃及工作。这让我想起有位年迈的师长曾对我说，我们应该了解何谓"神圣的自私"，这是个极好的说法。我问他这话是什么意思，他回答说："你必须从万事万物中抽身而退，以便重建你的能量。"你可以像太阳一样光芒万丈，但如果你没有那种能量，就会像个黑洞，把一切都吸进去，那可能会要人命。

马林：最能带给你灵感的是什么？

阿布拉莫维奇：大自然。我们真的必须花更多时间投身其中，去那些还没什么人居住，也没有被开发的景区、瀑布、岩层、山脉、火山。哦！我最爱火山。我可以什么都不干，就看火山喷发，一坐就是几个钟头。你只需要坐着看，就能理解生命中的很多事。只需要抬头看看夜空，你就会有成千上万种感觉。

马林：你有没有反复做的梦？

阿布拉莫维奇：现在没有了。我以前做过一个奇怪的梦。在森林中，有栋房子里有很多人，我刚从一场非常漫长的旅行中回来。我走进那房子，发现里面正在举行盛大的庆祝活动，每个人都很高兴。那似乎是一场永不结束的派对，我认出了每一个人——但只是在梦中，而不是在现实中。这个梦反复出现，但有一个细节会不一样，那就是我每次都会从不同的地方回到那栋房子。后来，有很长一段时间我都不再做这个梦了，但再后来，我又梦见了一次——这一次，我走进那栋房子时，每个人的头发都白了，看起来非常老。从那以后，我再也没有做过这个梦。

马林：你对卡塞尔文献展、威尼斯双年展这样的大型国际艺术展有什么看法？

阿布拉莫维奇：大型群展在 20 世纪 70 年代的效果最好，但我认为现在不行了。在我看来，每个人都厌倦了大型双年展、大型艺术博览会、大型展览。我认为大家都在寻找不一样的方式，我很想琢磨出那可能是什么样的方式。在我看来，最重要的展览之一始终是文献展，而非任何双年展。双年展每两年举办一次，文献展每五年举办一次。五年的间隔很好，可以发生一些事，艺术家可以创作出新作品。两年是绝对不够的。艺术家需要时间，就像好酒需要时间成熟一样。

马林：关于你自己，你能做的最诚实的表述是什么？

阿布拉莫维奇：我不是假人。我算是一种真实的存在（笑）。我累的时候，真的累。我绝望的时候，真的绝望。我悲伤的时候，真的悲伤。我不会假装成别人。我就是我自己。

1　　　《艺术家在场》(*The Artist is Present*)，阿布拉莫维
奇 2010 年在前文所述的大型回顾展中举办的现场行
为艺术表演。在三个月的展期内，她全程在博物馆
里静静坐着，与每位观众面对面，引来了 85 万人前
来参观，这也是她最著名的行为艺术表演之一。

2　　　死藤水，使用亚马孙河流域的热带雨林中所产的植
物死藤熬制而成的药水，在亚马孙文化中有着千年
历史，是当地巫医的传统用药，据传服用后可治病、
通灵。

3　　　激浪派(Fluxus)，20 世纪 60 年代初出现在欧美的
一个激进而松散的国际性艺术组织。受到杜尚的影
响，大多数激浪派艺术家以反商业和反艺术为己任，
强调概念而非成品的重要性。

4　　　偶发艺术(Happening)，可被认作艺术的各种表演、
事件等。偶发艺术被认为是行为艺术的先驱，只是
前者更注重观众的参与，而后者聚焦于艺术家的个
人表达。

5　　　耶日·格洛托夫斯基(Jerzy Grotowski，1933—
1999)，波兰导演、戏剧理论家，提出了"贫穷剧
场"(Poor Theatre)的原则，即在剧场中摒弃服装、
装饰和音乐，重视演员的身体、表情，以及他们与
观众的关系。他认为"满盈的剧场"(Rich Theatre)
实际上扼杀了剧场最重要的元素：人与人的直接
面对。

6 塔迪乌斯·坎特（Tadeusz Kantor，1915—1990），
   波兰画家、集会和意外事件艺术家、布景设计师与
   剧院导演。

7 约瑟夫·博伊斯（Joseph Beuys，1921—1986），德
   国雕塑家、行为艺术家。

8 白南准（Nam June Paik，1932—2006），韩裔美国
   艺术家，被认为是视频艺术的开创者。

9 维托·阿肯锡（Vito Acconci，1940—2017），美国
   行为艺术家、视觉装置艺术家，被誉为"录像行为
   艺术之父"，也有大量建筑、景观、雕塑作品。

10 山德罗·基亚（Sandro Chia，1946— ），意大利
   新表现主义画家、雕塑家。

11 弗朗切斯科·克莱门特（Francesco Clemente，
   1952— ），意大利当代艺术家。

12 李·包沃利（Leigh Bowery，1961—1994），澳大利
   亚行为表演艺术家、时装设计师。

13 提诺·赛格尔（Tino Sehgal，1976— ），英裔德国
   艺术家，素以"场景艺术"闻名。

14 《发动机》（*The Generator*），阿布拉莫维奇 2014
   年在肖恩·凯利画廊举办的艺术展。展厅内空无一
   物，参观者由被艺术家培训过的引导员带领进入空
   间，蒙上眼罩，戴着降噪耳机，感受"充盈的空无"。

15 《夜海穿越》(*Nightsea Crossing*)，阿布拉莫维奇与她当时的伴侣乌雷在 1981 年至 1987 年间共同创作、表演的一场行为艺术。在该作品中，两人连续九十天、每天七小时地对坐相视，一动不动，一言不发。

16 阿索斯（Athos），希腊东北部的一座半岛山，东正教会修行制度的重要中心，是东正教的圣山。进入圣山的访客人数有限制，且仅许可男性进入。

17 指克尔白（Kaaba），一座黑色立方体的建筑物，位于伊斯兰教圣城麦加的禁寺内。克尔白是伊斯兰教最神圣的圣地，所有穆斯林在任何地方都必须面朝它所在的方向祈祷。

C

A T

E

CATE BLANCHETT
凯特·布兰切特

NEW YORK, 2018

凯特·布兰切特是澳大利亚演员、制片人、人道主义者，始终热忱参与艺术界的活动。她拥有新南威尔士大学、悉尼大学和麦考瑞大学的荣誉文学博士学位。凯特·布兰切特在舞台上同样成就斐然，与安德鲁·厄普顿（Andrew Upton）合作担任悉尼剧团的艺术总监和首席执行官一职已有六年。她在银幕上贡献了无数次非凡的表演，并赢得了三座英国电影学院奖、两座奥斯卡奖和三座美国金球奖的奖杯。

我们约在 5 月的一天，那天很热，下午 4 点过后不久，我在纽约的惠特比酒店等待凯特·布兰切特。平日里我可不是追星族，但听到凯特那玛琳·黛德丽式的声音从走廊里传来时，我的手心竟瞬间出了汗。她很可爱，很聪明，而且很配合。她还喜欢在对话中引用各种知识，让谈话变得丰富有趣，我有时几乎跟不上她的节奏，但她谈起自己喜欢的艺术家、作家、剧作家和导演，语气不带丝毫傲慢。她是个罕见又独特的艺术家，以其天赋和信念，丰富了银幕和舞台上的艺术。她扮演过凯瑟琳·赫本。她扮演过鲍勃·迪伦。她演过流浪汉，也演过英国女王。银幕和舞台之下的凯特依然保有超凡的优雅，在这个急功近利的时代，这是一种近乎稀缺的气质。

Actors are communicating a story. These stories are often related to the health or state of society

演员要把一个故事表现出来，传递出去。这些故事往往关系到一个社会是否健全

凯特·布兰切特：我刚才一直在看那栋楼（指着窗外）。那楼里长草了吗？这让我想起以前看过的一个装置：一整个花园搭建在一个房间里。你就站在那一片限定的广阔空间中……那种体验宁静而美好，但不知为何又极其焦虑。

乌戈·韦尔塔·马林：那栋楼已经荒废了。看起来倒还挺有魄力。

布兰切特：我喜欢。现在在曼哈顿已经看不到什么荒废之地了。寸土寸金都有主了。

马林：我很好奇，想多知道一些对你有影响的经历。

布兰切特：好的，我们怎么开始？

马林：我想知道，对你而言，怎样才算好剧本或有趣的项目？

布兰切特：嗯，这要看情况。如果是电影，我读过一些不可思议的剧本，它们最后也拍出了值得一看的好电影——但对我来说，最终打动我的是对话的质量。你要对谁说出那些对白？你要对谁做出反应？谁在透过镜头看？谁把气氛营造完整？

在舞台上，你和谁演对手戏是特别重要的，因为舞台剧尤其注重展现人与人之间悬而未决的时刻。这就是为什么我钟爱舞蹈——人或物腾空而起的时刻。这在电影里所对应的，就是一个人面临选择的时刻，你会看到他们在落地、做出决定之前有一番纠结。故事的框架对我来说确实很重要。具体是什么样的角色完全没关系，或者说是次要的，所以我从来不去考虑戏份多少之类的问题。到最后，只要故事是有趣的、搭档是有趣的，我就会上钩——而且我够幸运，一直都能与一些非常有意思的人合作。

马林：纵观电影史，你希望参演谁执导的电影？

布兰切特：英格玛·伯格曼，我不得不这么说。

马林：我以前读到过，大卫·林奇的电影风格深受弗朗西斯·培根[1]的绘画启发。你认为艺术是如何对电影产生影响的？

布兰切特：我明白……那是一个提炼各种影响力的过程，不是吗？我们谈论的是动态影像，但电影中的静帧完全可以像一幅非凡的画作。我的意思是，看看理查德·普林斯[2]的作品就能明白这一点。但是，动态影像和静止图像之间有相互对照的关系。就我个人而言，我从来不知道两者产生联结，或带来灵感的瞬间是如何发生的。（这些关联和灵感）时常来自视觉图像，有时候也来自约翰·凯奇[3]、舒伯特、劳瑞·安德森[4]，甚至风暴的声音——那些能让你的头脑、你的心脏狂跳的声音。

我记得，我和优秀的戏剧导演凯蒂·米歇尔[5]，还有丽芙·乌曼[6]分别交谈过，她们不约而同地向我介绍过一位名叫威廉·哈默斯霍伊[7]的丹麦画家。她们都谈到他对她们产生的影响，比如他构图的方式，以及他很少从正面刻画人物。那他是怎么做的呢——他会画几个房间的门口，通过门洞，你可以看到后面的门口，再往后，你会看到一个有光的天井，上头站着一个人。这里面的讲究就在于你如何安置画面中的人物，让人物立于何处。

马林：这很有趣。我曾经读到过一句话：好莱坞灯光设计的鼻祖是卡拉瓦乔，因为他在自己的画里融入了阴影。

布兰切特：很有可能。他用光有指向、有情感，在他那个年代——乃至现在——都是无与伦比的。阴影是能让人无比兴奋的地方。我对非常规表演空间有浓厚的兴趣，也对人们以为很保守的老剧院感兴趣，就是那种有拱形镜框的传统舞台，因为舞台最前方的那道拱门自身就是一种取景框。所以，当别人说起"舞台左上"和"舞台右下"的对角线站位有何寓意，位于"舞台中央"又意味着什么的时候，我会特别神往。有过在镜框式舞台上表演的经历后，我对戏剧和电影的交集有了更深的感触。

马林：这是不是戏剧和电影之间最主要的交集？

布兰切特： 这么说吧，在镜框式舞台上，等于有了很大——应该说巨大——的取景框，演员们可以在那个框定的空间里移动身体。人们常说："哦！你懂的，拍电影的时候你必须让自己在镜头里变小一点，但上台演戏就要夸张。"实际上，我发现有两种媒介表演的经验会让你获益良多。有过剧院表演的经验，我在广角镜头里就更游刃有余了。你知道吗，布鲁斯·贝尔斯福德[8] 的《温柔的怜悯》（*Tender Mercies*）的独特之处就在于，这部电影从头到尾都是用广角镜头拍摄的，所以演员们的肢体表演必须更有表现力。当他转入特写时，演员就几乎不需要有很多动作。但反过来说，特写镜头表现的亲密感在舞台上也很有用。面对两千个座位的剧场时，你还是希望带来同等程度的共鸣，你的表演必须让前排和楼上后排的观众都看到。

马林： 我读到过，你曾说当演员有一点萨满的感觉。

布兰切特： 哦，是的，很有可能。

马林： 你说当演员会滋生大量的迷信观念，就看你怎样与之产生关联。这让我想起我在巴西了解到的一些关于表演的事情：在巴西，表演的概念与萨满、治愈和融合是息息相关的。

布兰切特：那是一种古老的艺术形式。我带孩子们去过德尔斐，当你站到那个巨大的露天剧场里的舞台上时，就算你低声细语，下面仍然能听到。那种剧场音效可以抵达那么远，所以古希腊演员可以把观众带入某种微观的层面，在那个空间里传送能量，从一个人的身体传到另一个人的身体。我认为很多人害怕剧场的原因在于，作为观众，你真的会被带入戏：整个剧场在要求你为这个夜晚贡献一点什么，你在某种程度上是裸露的。至于在舞台上的演员，他们一直在传送从观众那儿得到的能量。

相比而言，在拍电影的时候，演员和观众的关系更像是脱节或失联的状态——那是一种更私密、更孤立的体验。我不是在比较哪种表演比另一种更重要或更深刻，但我绝对能感觉到：站在舞台上的你能非常精准地感知到你的观众群。这就是我喜欢走进西区这些老剧院的原因。考虑到地价成本很高，那些剧场的内部空间会追求有创意的安全感和静默——墙上的油漆，老灵魂们的往事，还有在那里讲述过的故事。我觉得你会欲罢不能，只能去吸收那种历史感，再传送出来。

马林: 你刚才关于古希腊的那段话非常有趣，让我想起了在奇琴伊察[9]的玛雅金字塔——在库库尔坎神庙前的台阶上拍拍手就会有回声，听起来几乎和绿咬鹃的叫声一模一样。这一切似乎都与表演和萨满有着密切联系。

布兰切特: 没错！建造新剧院也会让我很感兴趣。很奇怪，新剧院的音响质量往往很差，真的很糟糕。说真的，我上的是戏剧学校，但我一直认为，对于一个演员而言，拥有声音的控制权、能表现自己声音的灵活性是相当重要的，那样你才能和剧场的音效互动。但在最近建成的一些剧院里，剧院优先考虑的都是视觉效果，音效却没有得到重视。我不知道你有没有看过西蒙·麦克伯尼[10]的新戏《相遇》（*The Encounter*）。

马林: 还没有。

布兰切特: 正在巡演，你有机会一定要去看。那将是一次完整的听觉体验，而且是在剧院里，真的非常有趣。

马林: 在你看来，演员在社会上扮演了什么角色？

布兰切特: 当今社会?这个问题预设了只存在一种类型的演员。我对意大利即兴喜剧[11]的历史,和对表演理念、超现实主义风格、悠久的表演传统一样感兴趣。演员有很多类型,而且,不是每个人都是出于同样的原因,或是抱着同等的雄心壮志,或是以同样的方式开始表演事业的,但在我看来,演员终究是要把一个故事表现出来,传递出去。这些故事往往关系到一个社会是否健全,我想,这就是为什么演员常被攻击的原因,因为他们必须打开一条通路。

这又回到了你刚才关于萨满的问题,因为发生在剧场里的事,本质上就是你在引导和传递集体无意识。我认为,作为演员,你有引导的优势,因为你率先让自己曝光于众人面前,在给他们讲故事时,再以一种坦率的方式把观众吸引过来。我的意思是,演员一直是贱民,但在某些方面——在电影产业里当然如此——他们又变成了神。我还在想,你会不会也想问明星扮演了什么角色,不过明星和表演毫无关系。

马林: 处在这样的地位很有趣。这和另一些问题——艺术的功能、艺术家通常怎样描绘自己所处的社会与时代——有些微妙的区隔。

Actors have always been pariahs, and in some ways—certainly in the film industry—they have become gods

e

演员一直是贱民，
但在某些方面——在电影产业里当然
如此——他们又变成了神

布兰切特：是的。

马林：还有比如最有趣的艺术往往挑战了艺术的定义这样的问题。我们能不能谈谈你与艺术家朱利安·罗斯菲尔特[12]合作的作品《宣言》（Manifesto）？

布兰切特：嗯，我们是通过柏林邵宾纳剧院的艺术总监托马斯·奥斯特梅尔（Thomas Ostermeier）认识的。那个周末无与伦比，所有的画廊都开着，我在那儿看到了朱利安的作品。我们聊了一会儿，后来一直保持联系；我们都赞同要找一种方式来合作。最后，他说他决定了，要做《宣言》。我在大学读艺术时读过一些艺术家宣言，但已经很久没读了。朱利安说他想深挖"宣言"的概念，探讨"宣言"在当今世界的立足之地——在这个有些反理想主义的世界里（笑）。

但这个想法最让我喜欢、着迷的原因是，我知道这部作品将在一个完全不同以往的语境里被观看、被理解，所谓的"语境"并不是指文本，也不是博物馆、画廊的环境。我认为电影产业会让我有挫败感，因为电影太直白。我钟爱剧场里的戏剧，就是因为戏剧有双重性，也就是说，你可以扮演一头熊，也可以扮演一个没有双腿的女人，而且是在同一部戏里分饰两角——你只需改变你的肢体、你的能量、你的服装，只要做到位，观众就能接受。而在电影中并没有太多机会展现这种不拘泥于表面的表演。所以，我非常兴奋，能去探索这个想法，还能接触到一群与这部作品有不同关系的观众。

马林： 这些宣言有许多是闻名世界的艺术家们亲笔撰写的，但他们在写这些宣言的时候往往都还是怒气冲冲的年轻人。在我看来，整个作品似乎很有反抗意识。

布兰切特： 我就是觉得这个转变过程很有趣。我觉得自己有点理解他们了——正如你所说，有很多的愤怒、很多的个人主张。在撰写这些宣言的时候，那些艺术家并不知道他们可能成为众所周知的大师，或某些艺术运动的领袖。他们只是参与了各种思想的创建过程，而且，他们在日后的艺术生涯中还常会驳斥或抵制这些思想。这些宣言都是声张独立性的产物，他们想把什么东西砸个粉碎，以便造就新东西。他们都有一种相似的、有节奏的、精力充沛的攻击力，而这使得他们发出的都是"独一无二的声音"，我觉得这特别有意思。如果你是在画廊看到这个作品的话……

马林：我是在公园大道军械库 [13]。

布兰切特：哦！那是个很棒的空间。我很想在那里做现场表演。

马林：在那种巨大的空间里看，会得到强烈的冲击感，和在普通电影院里大不一样。

布兰切特：是的，我认为军械库是观赏效果最好的空间之一，因为作品完全占据了空间。屏幕非常大，更妙的是，观众可以进去看两分钟或两小时，还可以选择观看顺序，选择怎么看或重看，选择接受或放弃这部作品。由于资金筹措方面的原因，这部作品最终变成了一部电影，有些人可能会喜欢。但我觉得，这对作品来说是不太成功的呈现方式，因为电影会让你产生更直白的解读，仅仅由于这是一部电影，头脑就会自动搜寻某种故事性。

马林：绝对是这样。还有文本和当时的现实之间的关系。这就像你明明在讲中文，观众却都能理解每个场景中在发生什么事。

布兰切特：这也是作品的一部分。朱利安想出了很多场景，我们就负责把场景和某一个宣言融合起来，在正确的场景里念诵匹配的宣言，因为有些宣言更适合独白，另一些更适合对话，或者心理活动的画外音。

马林：看你从黄金时段的新闻主播化身为俄罗斯舞蹈家，再变成教师，从马克思主义到达达主义，再到未来主义和激浪派，真的太让人着迷了。你是怎样建构这些角色的？

布兰切特：即兴发挥，这有点像脱口秀。是这样的：我们交谈，见面，发电子邮件，打电话，然后和造型艺术家莫拉格·罗斯（Morag Ross）碰头，她恰好是我最好的朋友之一。我们和莫拉格，还有做发型的马西莫·加塔布鲁西（Massimo Gattabrusi）、做服装的碧娜·戴格勒（Bina Daigeler）一起，工作一整个下午，我们会问："好了，这些角色应该是什么样呢？"然后，朱利安建议每个角色可以有不同的口音。我说："哦！好的。我们为什么不让这个角色成为苏格兰人？让那个角色带北方口音，让另一个来自东欧的什么地方？"就这样编排下去。我们没有排练。

马林：哇哦！

布兰切特：我就站起来，演，不管是好是坏。这就是我所说的完全暴露。我心想："我只能这样演了。我们没有足够的时间再来这么一遍。"我记得拍葬礼那场戏时，天就快暗了，我们只拍了一条就结束了。这有一定的风险，但也考虑到……我不知道。对于工作而言，处在一个能不去想结果的环境里是很重要的。

马林：这个作品在各方面都很讲究细节，给我留下了深刻的印象。比如每一场戏里的服装设计、地点……

布兰切特：百分百的朱利安。地点选得都特别好，是不是？

马林：这让我想起上次与艺术家奇奇·史密斯的交谈。她说她的美学观在于对细节的关注。你的美学观是什么？

布兰切特：我更赞同东方的美学观。没有缺憾就不成其为美。假如你是在电影圈从业的女性，总会听到大家谈论某人多么艳丽、多么吸睛，或者某个女性角色多么惹人怜爱。我觉得这些说法都极其缺乏创意。我不想高人一等地对观众说教，告诉他们如何思考、如何用心感受演员创造的角色。你可以随时随地发现美，甚至在悲恸的时候，因为人在那种状态下是毫无遮掩的。你也可以在那些承受巨大压力的人身上看到美——你突然透过表面，看到了一种不加修饰的真实。

I think art is a provocation—
a provocation to have
dangerous conversations

艺术是一种挑衅——
挑衅以开启危险的对话

马林：你认为自己是个有政治倾向的艺术家吗？

布兰切特：不，我认为艺术没有政治属性。但艺术被传播、被剖析、被观看和被处理的方式最终可能是政治性的。在我看来，艺术是一种挑衅——挑衅以开启危险的对话。当然，我有政治信仰，但我认为，如果艺术家只对和自己想法一致的人说话，是很危险的。我常常住在只有少数人和我持有相同的世界观或政治观的地方。你知道，这是我对柏林唯一不满的地方。哦，我的天！有那么多澳大利亚人在柏林做艺术（笑）。

马林：（笑）我想到了你扮演异性时的一些表现，比如扮演鲍勃·迪伦的时候。

布兰切特：哦，那是托德·海因斯 [14] 的主意。他这个人太神奇了。

马林：纵观历史，艺术家一向喜欢玩角色扮演。弗里达·卡罗经常打扮得像男人。马塞尔·杜尚、迈克·凯利 [15] 穿过女装。很多艺术家会在两性装饰间来回切换，但这种行为通常专属于纯艺术圈，在好莱坞并不太常见。在流行文化领域，我相信人们期待的还是社会主流认可的行为。

布兰切特：这种要求并不常见。好比说托德·索伦兹 [16] 把一个角色拆分开，让八个演员来演。电影开辟出新奇之境会让我非常欢喜。但托德也承受了巨大的压力，要把迪伦的生活和创作激情改编成线性叙事，让整体创作更容易被接受，还必须删减某些部分。这就是为什么，作为一个电影人，你和制片人的关系真的太要紧了，这也是电影节如此重要的原因，因为能让这类作品声张的地方通常是电影节。你知道，我们刚看了一部惊人的、叹为观止的电影——戛纳电影节把特别金棕榈奖给了让－吕克·戈达尔的《影像之书》，因为它让人耳目一新。它时不时令人无法忍受，看不下去，但又在我们脑海里盘桓不去。

我越来越频繁地思考这个问题：当电影艺术家们不断突破电影的界限时，人们会想，这种电影是不是该在博物馆里播放？电影院的挑战和机遇都立足于一点，就是电影院可以成为更民主的世界——各家各户的电视就更民主了，因而，在某些国家设有艺术频道，你可以在自家客厅里看到一部你不一定会去电影院看的作品。

马林： 回到表演的主题，导演会在表演方面有所建议……

布兰切特： 肯定会。这是一种交流。

马林： 那么，表演最终是属于谁的？演员？导演？观众？口述史？电影史？

布兰切特： 这个问题有意思。如果表演有所有权的话，其归宿应该是记忆。有件事挺好玩的：有了孩子，就想带他们去剧院，也会想让他们看我和丈夫在青少年时期深受影响的那些电影——我自己都二十多年没看过了。我会和孩子们一起看一部片子，结果发现我对表演和情节的记忆与电影本身并不相同。比方说，有一天我又看了一遍《惊魂记》，整部电影的内容我基本都忘光了。但不知怎的，它在我的记忆里投下了孢子，电影里的表演和我记忆中的完全不一样。所以，我吸收的是这部电影对我的影响。我认为，一旦你开始表演，就必须放手。

但话说回来，关于著作权的讨论是至关重要的，因为随着视觉艺术的商品化，尤其是当一个艺术家的市场价值攀升时，作品的版权究竟在哪里？真的很复杂，如果一部作品被出售，转卖了再转卖，难道艺术家不该从中受益吗？在电影行业，我们有"复播追加酬金"。但就创作所有权而言，我极力认可的是，把它交出去。

马林： 我同意，艺术应该属于所有人。

1　弗朗西斯·培根（Francis Bacon，1909—1992），英国著名画家，他的作品粗犷、犀利，痴迷于表现暴力、恐怖以及噩梦般的场景。

2　理查德·普林斯（Richard Prince，1949—　），美国著名画家、摄影家，被视为"剽窃"艺术的开创者，代表作包括《无题（牛仔）》《逃跑的护士》等。

3　约翰·凯奇（John Cage，1912—1992），美国先锋派古典音乐作曲家，偶然音乐、延伸技巧、电子音乐的先驱。他最有名的作品是 1952 年作曲的《4'33"》，全曲三个乐章，却没有任何一个音符。

4　劳瑞·安德森（Laurie Anderson，1947—　），美国多媒体艺术家，也是 20 世纪美国前卫艺术、实验音乐和独立文化的传奇人物。其作品以歌曲、传统乐器、电声乐器、自然界的声响和幻灯、电影、文本之间的结合而闻名。

5　凯蒂·米歇尔（Katie Mitchel，1964—　），英国戏剧导演。

6　丽芙·乌曼（Liv Ullman，1938—　），挪威电影演员、作家、编剧，瑞典导演英格玛·伯格曼数部电影的女主角。

7　威廉·哈默斯霍伊（Vilhelm Hammershøi，1864—1916），丹麦画家，他的作品以诗意、静谧的人物肖像和室内空间著称。

8　布鲁斯·贝尔斯福德（Bruce Beresford，1940—

1985），澳大利亚导演、编剧、制作人、演员。

9   奇琴伊察（Chichen Itza），玛雅文明的重要遗址，
     始建于公元 5 世纪，坐落于今墨西哥境内尤卡坦半
     岛北部。

10   西蒙·麦克伯尼（Simon McBurney，1957—　），
     英国演员，伦敦同谋剧院公司（Complicité）的创
     始人和艺术总监，参演电影《谍网迷魂》《罗宾汉》
     《哈利·波特与死亡圣器（上）》《碟中谍 5：神秘国
     度》等。

11   即兴喜剧（Commedia dell'arte），16 世纪在意大利
     出现的一种戏剧，其特点是角色戴面具。

12   朱利安·罗斯菲尔特（Julian Rosefeldt，1965—　），
     德国艺术家、电影人。

13   公园大道军械库（Park Avenue Armory），纽约市最
     重要的文化机构之一，自 2007 年重新开放以来，为
     当代视觉及行为艺术家提供了一个规模宏大的创作
     空间。

14   托德·海因斯（Todd Haynes，1961—　），美国编剧、
     导演、制片人。曾凭首作《毒药》获第 7 届圣丹斯
     国际电影节评审团大奖；1998 年执导《天鹅绒金矿》，
     获得第 51 届戛纳国际电影节最佳艺术贡献奖；2002
     年凭借《远离天堂》获得第 59 届威尼斯国际电影节
     金狮奖提名。在他 2007 年的电影《我不在那儿》中，
     凯特·布兰切特与其他五位演员共同饰演了鲍勃·
     迪伦，成为她为人称道的一次反串表演。

15　　迈克·凯利（Mike Kelley，1954—2012），美国当代
　　　艺术家，有很多著名的集合大型绘画、文字、雕塑、
　　　影像以及表演的多媒体装置作品。

16　　托德·索伦兹（Todd Solondz，1959—　），美国导
　　　演、编剧、演员、制片人。其导演的作品《回文》中，
　　　十三岁的女主角由八个不同的演员分别扮演。

AN

N

ANNIE LENNOX
安妮·蓝妮克丝

LONDON, 2017

IE

安妮·蓝妮克丝——她是歌手、音乐创作人、表演者和人权活动家，因在 20 世纪 80 年代初与戴夫·斯图尔特（Dave Stewart）组成舞韵合唱团（Eurythmics）一炮而红。享誉全球十余年后，她另辟舞台，成为著名的独立艺术家。几十年来，安妮因在音乐领域的巨大贡献而收获了无数殊荣，包括八次全英音乐奖、四次格莱美奖、一次美国金球奖和一次奥斯卡金像奖。她倡导并推动人道主义事业，得到了世界主要学术机构的认可，被授予荣誉博士学位和教职头衔。

安妮一路吹着口哨走到了我们在诺丁山的碰头地点，这个不拘小节的细节被我发现了，这让我们瞬间破冰，没有了隔阂感。她热情又机智，富有激情，光彩不减当年，样貌和她在流行音乐全盛时期一样惊艳。凭借其中性美，安妮曾是流行文化界首屈一指的女性主义偶像。她的音乐生涯始终伴随着破除陈规的活动和表态。现在，她正用她的声音为艾滋病防治运动扩大影响力。安妮是一位摩登叛逆者，将非凡的洞见融入富有远见的行动中。

乌戈·韦尔塔·马林： 制作音乐新项目时，你遇到过的最大挑战是什么？

安妮·蓝妮克丝： 简单来说，就是"开始"。音乐是无形的。你看不到它，摸不到它，也尝不出它的滋味。做音乐有别于使用物质材料的创作，因为你的创作只和想法有关。音乐的媒介可以来自外部，因为你可能需要用某种乐器——吉他或某种键盘——来激发灵感，但做音乐只能从无到有，从一个崭新的念头开始，而且，我认为这个念头必须非常强大，像一棵幼苗。它必须内含精华。一旦你有了一个想法的苗头，挑战就在于怎样从这个概念出发，向前推进：现在要走向哪里？有什么意义？

有些人可能会写一大堆歌词和乐句，这可以成为一首歌的骨架——那就有了好的开端。接着，你可以基于那个结构开始创作，或者反过来，先有音乐和氛围。我觉得这个过程没有特定的公式，虽然我知道成百上千的年轻词曲作者正在工作室里不断推敲，推出大量的新歌，试图应用某些方法、某些结构；这些方法和结构无穷无尽，不是吗？说到底，音乐是无穷无尽的。

马林： 说到开始，20 世纪 70 年代刚开始做音乐的时候，你对伦敦有什么样的感情？

蓝妮克丝： 难。太难了。我来伦敦是为了参加皇家音乐学院的面试，我得到了一个名额。那好比是我走出苏格兰乡村老家的护照。我一直在唱歌。即便在我很小的时候，我也一天到晚地唱。唱歌对我来说是非常自然的事。七岁上下，学校问我愿不愿意参加一个考试，如果我通过了，就可以申请上钢琴课。我考过了，就开始每周上两节钢琴课。那时候，一学期的钢琴课要四英镑。我生在工人家庭，父亲在造船厂工作，家里没多少闲钱，每一分钱都要精打细算地花，哪怕是现在听上去不大的开销。

总之，我十一岁开始学习古典长笛，我很喜欢长笛，然后就到了十七岁，我考取了伦敦的皇家音乐学院。当时的我完全没想过要当歌手或创作者。我在学院读了三年，算是彻头彻尾的学渣。就是不管用，学不进去，所以我想看看有什么别的出路，但没有方向。有那么几年，我非常忧虑。我不停地搬家——从一个床铺到另一个床铺。

马林： 那么，你最近和伦敦的感情如何？

蓝妮克丝：嗯……比以前好多了。当时的我是个年轻姑娘，觉得自己是个迷茫的外来者。我一直想找到一个能让自己有归属感的地方，但没找到。非常孤独的地方，非常让人感伤。我始终有种孤立的寂寞感，现在仍有这种感觉。我不知道……过去，我是那个隔着窗户往外看的人，总觉得自己永远也融入不了那个世界，但现在呢，我真心不想成为其中的一部分。到处都是圈子，圈子里还有圈子，人有圈子才有归属感，虽然我很喜欢伦敦的多样性，各种文化都能找到立足之地，但我认为，除非你属于一个群体，否则你很难有真正的归属感。

马林：伦敦现在仍然立于音乐界的前沿吗？

蓝妮克丝：我不知道音乐界的前沿到底在哪里，因为坦白说，我觉得社会活动和公益推广已让我的音乐创作黯然失色了。我已经对先锋音乐不感兴趣；我的兴趣点转移到其他事情上去了。

马林：音乐生涯刚开始时，你不断地用视觉影像来表现自己的立场和态度：穿男式西装，剪超短发，把头发染成橙色，穿 18 世纪的服装……

蓝妮克丝：录像横空出世，算是现象级别的新事物。现在，每个人都知道视频是什么，它是……普遍的。但在当时真的太有革新意义了，就好比在你的调色板上加了一整套从没见过的颜色。我和戴夫·斯图尔特组建舞韵合唱团时非常投入地爱上了录像，因为，对我们的音乐表达来说，那成了另一种延展，另一种形式。有些视频可以用很多方式去解读——你可以为一首歌曲创作许多截然不同的视频。

马林：你有没有把自己的创想投入那些视频的创作？

蓝妮克丝：毫无疑问。我们有一些概念。刚开始，就是真正开始的时候，我们在《甜蜜的梦》（"Sweet Dreams"）之前先拍了几段录像。戴夫买了台小相机，在有了拍《甜蜜的梦》视频的想法后，他就来找我，我至今仍觉得那是波普艺术的经典之作。他说："就这样。搞一张办公桌来，大公司会议室里的那种长桌，我们要在墙上挂些金色的唱片。然后，要有一头牛走进来。"我说："好……酷。我们会有一头牛。太棒了！"

我要说的是，你必须想象一下，那是一个在苏荷区中心的很小很小的工作室。那头牛是靠升降台卸下来的，跟着一个牵牛人。门打开，牛走出来的那一刻，感觉就像身处另一个星球上，因为，当你把那种体型的动物带进人类的空间，还让它走进一个房间的时候……太疯狂了！

拍摄的时候，有那么一会儿，戴夫在一台木制外箱的老式电脑上跟着音乐节奏敲击键盘，我坐在会议室长桌上，那头牛可以自由地走动。然后呢，牛真的很好奇——以牛能有的方式，我可以从眼角瞥见它，那时我正跟着音乐对口型，只见那只巨大的牛头越来越接近戴夫。那头牛几乎都要碰到他了，牛眼紧紧地盯着戴夫看，而戴夫只是调转眼神，看了看它，他们就那样互相看；实在太酷了（笑）。那正是你能在拍摄中捕捉到的瞬间，完全不可预测，所以显得那么惊心动魄，甚至很神奇。

马林：回想当年，针对你们的作品，好多记者、女性主义者和 LGBTQ 群体的成员给出了完全不同的诠释。

蓝妮克丝：嗯，这么多年来，我已经明白了，无论你说什么，表达什么，无论何时何地，当你把自己的脑袋伸出栏杆，想和外面的大世界交流时——那儿有几十亿人，每个人的观点、理解、参考点、文化体验和内在评估都不一样——不会有任何人看世界的方式和你一样。跟你说实话好了，不管我们想表达的是什么，我至今仍觉得没有任何人真正地领会了。是不是很好笑？但我已经跟自己说了，这不重要，不管别人懂不懂，或只是略懂分毫，或完全没搞懂——都不重要，事情就是这样的。另一方面，有些事情发生后，人们确实心领神会，而且联合起来，成就某种运动，这很有意思。不管你赞同与否，它都是非常强大的。

马林： 我相信，不管人们懂不懂，传达出的信息依然会得到共鸣，至今仍是如此。上个礼拜，我去了伦敦的一家夜店，《甜蜜的梦》的歌声响起，那些变装皇后齐声跟唱，自信满满地跳起舞来，好像他们听到的是某种国歌。太有力量了……

蓝妮克丝： 让人好奇的是，我觉得《甜蜜的梦》不只是一首歌，更像是一种咒语……你随便选，不管赋予什么意义、不管怎么解读都说得通。每当有人和这首歌缔结了某种关联——不管他们选择哪种方式——都会让我很激动。好笑的是，就当时的我而言，那些歌词是自嘲，绝对没有欢庆的意味。那首歌是在揶揄讽刺人类的境况。每当听说人们觉得它欢欣鼓舞或很自由，我当然会高兴，但总觉得哪儿不对劲……

Over the years I've co
to realize that whateve
you say, nobody sees
it like you do

这么多年来，我已经明白了，
无论你说什么，不会有任何人看世界
的方式和你一样

You are just living your existence with your own values

你只能保持自己的价值，
活出自己的存在感

马林： 说到传达的信息，你是否认为音乐也应该提出社会、政治问题？

蓝妮克丝： 嗯，我认为可以，但谈不上"应该"。有些特定主题的颂歌深深地烙印在我心里——其中之一就是彼得·盖布瑞尔[1]的那首《比科》（"Biko"），讲述的是南非政治活动家史蒂夫·比科[2]，他在反种族隔离斗争中死于囚牢。他在南非各地四处逃亡，不停地从一个地方转移到另一个地方，冒着生命危险坚持斗争。这个人失去了自由，失去了生命，失去了许多个体理应拥有的快乐，只因他对崇高事业抱有信念。这非常痛苦。这些人才是真正的英雄……

好了，说回你的问题吧：音乐是否也应该提出社会、政治问题？好吧，为崇高事业代言的歌曲都是高尚的作品——它们能汇聚人心，因而非同凡响——但这样的歌曲越来越少了，而且很难写。我的意思是，鲍勃·马利始终对社会不公抱有意识，而且，他指出的那种社会不公一直延续到今天；约翰·列侬也是。但他们两人都死了。把这类想法传达出来的人往往都很短命，真是奇怪。

马林：我很好奇你和纳尔逊·曼德拉[3]的事。你能分享一下与他见面、合作的经历吗？

蓝妮克丝：好，当然可以。我必须先说一下前因后果，因为这背后有很多历史典故。但我记得，第一次听说南非的种族隔离制度后，我发誓永不踏足那个国家，因为种族主义制度让我深恶痛绝。我以前觉得那很可恶，现在也一样。不过我真正开始和曼德拉有来往，要到 1988 年。当时舞韵合唱团在伦敦温布利体育场参加了一场很棒的音乐会，庆祝曼德拉的七十岁生日。那场盛大的音乐会聚集了世界各地的杰出音乐人，现场转播给全球数百万观众。当时，曼德拉已在罗本岛被监禁了大约十八年，其实没人知道他当时是什么样子。然而，正是这位"隐形人"成了反种族隔离运动的象征。我想，就算你当时从没听说过曼德拉，在那场音乐会之后，你也肯定知道他是谁了。

很多年之后，也就是 2003 年 11 月，戴夫·斯图尔特受到邀约，要他办一场庆祝曼德拉艾滋病基金会启动的音乐会——46664 演唱会。当时，曼德拉已经卸任南非总统，成为一位强大而资深的政治家。演唱会的前一天，所有参加演唱会的艺术家都受邀到罗本岛与他见面。曼德拉站在自己昔日的牢房前，向济济一堂的艺术家和各国媒体代表发表了一次讲话。他告诉我们，艾滋病大流行是如何让整个非洲大陆的民众大批死亡的。那个时候，南非的艾滋病感染率是全世界最高的。曼德拉说："有一场种族灭绝正在我的国家发生。"每三名孕妇中就有一个艾滋病毒携带者，并且得不到治疗。我可以跟你说，时至今日，这一比例仍未改变。

随后的几年里，为了筹集资金、增强民众意识，曼德拉和46664 基金会又邀请艺术家们参与了一系列音乐会，我差不多每一场都去了，并开始充满激情地在这个议题上宣传和发声，因为在防治艾滋病的活动中确实缺少女性的声音。总体而言，世界各地的人并不知道正在发生的事。

所以，我后来去了南非、乌干达和马拉维，跟着摄制小队一起去，拍了一些关于艾滋病肆虐的短片，直指问题所在：妇女和儿童是如何受到感染的。情况的恶劣程度简直让我无法相信。真的太不可思议了：政府竟能阻止所有民众获得医疗照护的机会，任由那么多人像飞蛾撞墙那样死去。我们所做的就是呼吁，敲响警钟。当时的南非总统姆贝基（Thabo Mvuyelwa Mbeki）矢口否认，甚至拒绝承认 HIV 病毒就是艾滋病的根源。毫无理智可言。当地人去找传统的治疗师，或江湖庸医——他们兜售蛇油，告诉求医者他们很快就会被治愈。结果可想而知，人们不断地死去，成百上千地死去，因为他们得不到治疗。

马林：那些音乐会的伟大之处就在于为世界打开了一扇门，让更多人参与到世界性的议题中去，但现在不太能看到这类盛况了。我相信艺术家始终在记录、在表现他们所处的时代，以这种或那种方式。你认为当代音乐是否象征了现代社会的空虚？

蓝妮克丝：嗯，这些年来，我见证了商界是如何一步步接管音乐产业的。我们总是和大唱片公司签约，也总会有争端。我们想借助大厂牌的发行力，但又不希望他们操控我们的创作——他们总想让我们往某些特定的方向发展。音乐产业里一直不乏臭名昭著的阴暗面，很多狡诈的人一边为自己谋求暴利，一边在欺诈、剥削音乐人。事到如今，变本加厉，已经升级到另一个层面了。现在，任何事都离不开品牌、大规模全球产业化。音乐的感召力是如此强大……商业和艺术可以说是奇特的盟友，但这种联结是如此牢固，以至于我不认为你能抵抗。事情就是这样，你只能保持自己的价值，活出自己的存在感。

马林：你认为赚钱改变了你做音乐的方式吗？

蓝妮克丝：这个嘛，终于赚到钱的时候，我们拍视频的预算增加了……倒不是说预算越高，视频就越好，但肯定会有更多机会用最好的方式来实现我们的想法。到了某个阶段，我认为，制作音乐、拍视频、进入这个系统、巡回演出、接受采访、上电视，这些事情里有一股势头。坦白说，我过了几十年那样的生活，但现在算是退出了。我不喜欢与之相关的价值取向。我还认为，成为家喻户晓的名人、登上顶级杂志，这一整套追名逐利的游戏很可能变成浮士德式的契约。

马林：你认为女性艺术家在音乐行业中的境况是否有所改变？

蓝妮克丝：从头说起吧。当我第一次起心动念，想当歌

手、创作者、表演者、录音师时，我当时仰望的榜样是卡罗尔·金[4]和琼尼·米歇尔[5]。在我看来，她们就是做成这些事的女人。我就想，如果她们能做到，我大概也能做到……后来，榜样越来越多了……克里希·海特[6]……难以置信，太了不起了！还有黛比·哈利。你知道，她们和我是同一个时代的，但还是——很罕见。很多女歌手都很棒，但未必都是创作型歌手。所以，实话实说，在那个年代，罕见就是一种优势。现在，我觉得歌手和词曲作者都很多。音乐行业每隔几年就会冒出来一两个特别出色的新人，横扫乐坛，成为最新潮的人物。因此，留给成千上万有抱负的女性歌手和创作者的空间并不宽广。这是事实。我觉得这对她们来说真的很残酷、很可怕。

马林：我们都看过你的一些标志性的演出，比如你和大卫·鲍伊（David Bowie）在"致敬弗莱迪·默克里演唱会"[7]上的精彩表演。记忆里，有哪次特别的表演让你难以忘怀吗？

蓝妮克丝：是啊……那次肯定算。我对自己的一言一行都很挑剔，包括自身状态和工作状态，我觉得很多艺术家都对自己很苛刻。这几乎是必要的，因为这样一来，你起码知道自己已经尽全力了。我还记得那次彩排。关于那次演出的准备工作，很多事我都记得清清楚楚。简而言之，演唱会那天，我注意到所有在场的艺术家——大多数是男性，周围充斥着某种男性的能量。我希望我和鲍伊的表演能有惊世骇俗的效果。所以，我没和别人聊天社交。一小时又一小时，我一直坐在自己的化妆间里。我没有让任何人看见我。到最后，时间慢慢过去，我慢慢地化好妆，好像变成了另一种生物。就好像有另一个自我，没错，身体依然是你的身体，但你就像一个演员——进入了另一个角色。

那次演唱会是为了纪念去世的弗莱迪，同时也是宣传防治艾滋病的好机会，我决定——至少我是这样想的——我将扮演死神。那完全是凭直觉决定的。我没想出具体的名号，只觉得它应该象征死亡。然后，还有六十六岁的鲍伊，他真是最美的人，无与伦比。他不知道我要做这个造型，因为我们之前只进行了一次非常轻松的排练。他建议我穿长款连衣裙，我同意了。后来，他让我去请安东尼·普莱斯[8]做裙子。我给普莱斯打电话，他答应了。我告诉他，我不希望他做的连衣裙太漂亮——应该是暗沉的、黑色的、庞大的。我希望裙子的上半身是银色的，像盔甲。我还想过戴面具，扮成死神战士。鲍伊在演唱时，我靠近他，但不碰到他。等我凑近他了，他毫不动摇——有点避开我的感觉。正是因为有这个扮相——像是个奇形怪状的生物——

我才有勇气靠近他，凑到很近的位置；他很配合，我们就这样演唱下去。还有波涛般的观众带动出的那种能量——太惊人了！

那一刻至今都在我眼前，清晰无比，对我来说，那就像高光时刻，顶级的演出。还有一场令人难忘的表演，是1984 年的格莱美颁奖典礼（笑）。"舞韵"被提名格莱美奖。我有个主意，想好了自己要怎么做，因为人们总在琢磨："她是男人？还是女人？"因此我决定："我要变成一个男人……他们这样想，那就让他们开开眼。"所以我穿了一身西服，除了戴夫之外，我没有提前告诉任何人。

我们完成了各种彩排，一切都很顺利。但后来，必须各就各位时——大幕拉开前的一刻总是让人胆战心惊——一直担任格莱美奖现场导演的肯·埃利希（Ken Ehrlich）惊慌失措，不停地东看西看，大步走来走去，问："安妮在哪儿？"他没看到我，而我就站在他面前，穿戴得像个男人。等他开始抓狂了，我只是说了一句："肯，我在这儿呢。"他听到后当场跪下了！他无法相信眼前这一幕，但也无能为力。事已至此，谁也拦不住我了。在那个年代，那样做就是打破界限，观众也都傻了："搞什么？！"那效果真的很强劲！

There is a lot of darkness and melancholia, but there is a lot of beauty as well. I feel we live in a polarized world

世间有那么多的黑暗和忧郁，但也有很多美好的东西。我觉得，我们生活在两极并存的世界里

马林：（笑）这故事太棒了。你描述这些人的方式真的很有趣，我想知道更多你的理念，比如说，你的美学观是什么。

蓝妮克丝：我在任何地方都能发现美，但同时，我也会看到美的对立面——这就很难对付了。我是那种很敏感的人，始终在观察，一切都在我眼里；比如那边盛开的花——我们看到了好多簇新绽放的白色樱花。伦敦现在是樱花季——在经历了几个月的黑暗之后，那可能是非常艰难的，你迫不及待地想看到一些新气象，一些可以从这种隐遁般的生命中绽放出来的新事物。实际上，盛大的庆典发生在

树梢，花草树木绽放新芽；有的花是明亮的黄色，有的花是梦幻般的淡粉或纯白。到处都有美，但也有另一面——有阴有阳。只要你去听"舞韵"的歌，或者我的歌，都能感受到歌中包含了这两种元素。世间有那么多的黑暗和忧郁，但也有很多美好的东西。我觉得，我们生活在两极并存的世界里。

马林：美也会令人不安。

蓝妮克丝：说得对。你想想看，吉尔伯特与乔治[9]在视觉艺术创作中——说出来可能有些恶心——用了排泄物，那部作品旨在引发观众个体的厌恶，但他们把它转化为艺术形式，并使两者共存。我觉得这很有挑战性，因为作品会迫使你去思考身体自然功能的本质——我们通常不会正儿八经地去讨论，压根不想去讨论、不想细看，因为排泄物只会让人恶心，哪怕它们来自我们的身体——这两位艺术家让我们正视这一点。这就是为什么艺术可以如此强大。

马林：越来越多的艺术家成了名人，你对此有何看法？

蓝妮克丝：我无法忍受"名人"这个词。我的意思是，现在一切都走形了——有些人出名只是因为大家都知道他们是谁。我想我们必须接受这种现实，但我仍有一种老派的思维方式，就是说，你总得有所成就——做出一些有价值的事——然后，作为副产品，你会因为你的作品而为世人所知。但现在已远远超出副作用的程度，这让我很不安，现在的"出名"就像一种无价值的货币，而且有毒。

马林：你担心自己被过度曝光吗？

蓝妮克丝：我不担心，因为我没怎么抛头露面。我一直很低调，这是我一贯的原则。

马林：最能带给你灵感的是什么？

蓝妮克丝：灵感可以来自各式各样的事物。我想，最能带给我灵感的就是与他人的关联。没有什么比这更重要。

马林：关于你自己，你能做的最诚实的表述是什么？

蓝妮克丝：我努力活成一个真实的人。我努力成为善良、诚实、正直的人……我努力。

1　　彼得·盖布瑞尔（Peter Gabriel，1950—　），英国音乐创作者、歌手、社会活动家。他曾是 20 世纪 70 年代红极一时的摇滚乐团"创世记"（Genesis）的团长。

2　　史蒂夫·比科（Steve Biko，1946—1977），南非反种族隔离运动家，活跃于 1960 年代至 1970 年代初。比科在南非创立了黑人觉醒运动，以写作、社会运动等方式尝试使黑人觉醒。

3　　纳尔逊·曼德拉（Nelson Mandela，1918—2013），1994 年至 1999 年任南非总统，任内致力于废除种族隔离制度、实现种族和解，以及消除贫困不公。当曼德拉领导反种族隔离运动时，南非法院以"密谋推翻政府"等罪名将他定罪，他前后共服刑二十六年半，其中有约十八年在罗本岛度过。1964 年第二次入狱时，他是当年的第 466 名囚犯，一直到 1982 年，其监狱编号都是 466/64，这个编号也成了下文提及的系列演唱会的标题。

4　　卡罗尔·金（Carole King，1942—　），美国歌手及创作者。她和丈夫格里·戈芬（Gerry Goffin）在 20 世纪 60 年代写了二十多首热门歌曲，两人赢得过四座格莱美奖奖杯，入选摇滚名人堂。

5　　琼尼·米歇尔（Joni Mitchell，1943—　），加拿大音乐家、作词者、画家，赢得过十座格莱美奖奖杯，被认为是 20 世纪 60 年代最有影响力的创作型民谣音乐人之一，并在 20 世纪 70 年代致力于融合流行音乐与爵士乐。

6   克里希·海特（Chrissie Hynde，1951— ），美国
     歌手、吉他手、音乐创作人，著名乐队"伪装者合
     唱团"（The Pretenders）的主音兼吉他手。

7   "致敬弗莱迪·默克里演唱会"（The Freddie
     Mercury Tribute Concert），1992 年为纪念半年前
     去世的"皇后"乐队主唱弗莱迪·默克里（Freddie
     Mercury，1969—1991）举行的演唱会。乐队其余三
     名成员及大卫·鲍伊、安妮·蓝妮克丝、埃尔顿·
     约翰、"枪花"乐队等知名音乐人轮番登台表演，盛
     况空前。

8   安东尼·普莱斯（Antony Price，1945— ），英国
     时装设计师，著名的"形象塑造者"。他与许多知名
     音乐人有过合作，为他们打造过许多经典且惊人的
     舞台造型。

9   吉尔伯特与乔治（Gilbert & George），由吉尔伯特·
     普勒施（Gilbert Proesch，1943— ）和乔治·帕
     斯莫尔（George Passmore，1942— ）组成的艺术
     团体，他们以其行为艺术中极为正式的打扮和动作
     闻名，也以色彩鲜艳的照片艺术作品闻名。

MI

U

CC

MIUCCIA PRADA
缪西亚·普拉达

MILAN，2018

IA

缪西亚·普拉达——众所周知的"普拉达夫人"——是开创潮流的时装设计师、商人、策展人、电影制片人，是一位叛逆者，最后，也是一位"革命者"。她的作品总采用一种知性的方法，尽显她泰然自若地颠覆规则的奇才。缪西亚的祖父马里奥·普拉达（Mario Prada）于 1913 年创立了普拉达品牌，她本人在获得米兰大学政治学系的学位后开始为这一家族独有品牌设计配饰。20 世纪 70 年代末，她和帕特里齐奥·贝尔特利（Patrizio Bertelli）结为伉俪，成为开拓家族企业进入国际市场发展的主要推手。他们两人都很热爱当代艺术，因而创建了普拉达基金会，担任联合主席，基金会旨在探索"当代艺术和文化领域中最激进的智性挑战"。

在一个阳光灿烂的日子里，我们相约在米兰贝加莫大街的普拉达总部见面。我在入口处看到了艺术家卡斯滕·霍勒[1] 创作的那组著名的幻灯片，从她三楼的办公室一直延伸到一楼大厅。自我们握手的那一刻起，她就显得魅力十足。虽然这是一位致力于培养反叛精神的时装设计师，我却很高兴地意识到她的非凡首先在于待人亲善。

Clothes were part of the protest,
but the origins of those protests go deeper

穿衣是抗争的一部分，
但那些抗争的根源则更深

乌戈·韦尔塔·马林：让我们从头说起吧。在加入家族企业前，你获得了政治学的博士学位。你认为自己开始时装设计生涯时有没有受到政治观念的影响？

缪西亚·普拉达：我在加入公司之前参与过的事业之一就是政治。我曾参加过"妇女权利运动"，也是意大利妇女联盟[2]的成员。我接受的教育就是要有政治头脑，到最后，政治确实成了我骨子里的东西。我一直试图用一种微妙的方式把政治带入我的作品。

马林：你也接受过默剧训练。这种学习对你的创作又有怎样的影响？

普拉达：我倒没觉得有什么特别的影响。那时我年轻，对什么都好奇——想知道外面在发生什么好玩儿的事，什么新鲜的事，什么令人兴奋的事。当时，米兰小剧院[3]非常有影响力，那个年代，各种思想都在改变，新的剧场出现……一切都是新的。那些人、那些观念对我的影响比默剧班本身更深。唯一对我有影响的大概要算默剧所讲求的自律。在那个班级里，你需要遵守很多很多纪律——某一天的课程内容可能只有一件事：学习如何前后移动你的手。

马林：我感觉，你在时尚界似乎有一种反建制的立场。你会说自己的作品中有反抗意识吗？

普拉达：是的。反抗是我很喜欢的一个词。它的含义非常复杂。我与艺术家们分享各种想法，就是因为他们展现了"反抗"。

马林：把服饰作为一种政治工具去思考，我觉得这很有意思。

普拉达：对你来说，时尚有政治性吗？

马林： 是的，可以有。我会想到盖世太保的军装……

普拉达： 我想到的是罗伯托·罗西里尼[4]的电影（《路易十四的崛起》）里，路易十四通过奢华服饰来掌控政权……

马林： 没错。

普拉达： 绝妙的电影。

马林： 我还想到朋克运动。一件衣服怎么会拥有政治性的呢？

普拉达： 你可以试着用服饰表现出你有政治觉悟。但当然了，你应该根据你的想法去着装，以一种非常柔和的方式。我总跟别人说：你不该为了征服一个有钱的男人而把自己装扮成"性感炸弹"，除非你真心觉得自己就是那样的。穿着不该有什么目的性。与政治密切相关的是你的头脑，而非你选择穿什么。谁在乎呢？我一直说想穿什么就穿什么，因为这是一种自由选择。我不认为有所谓政治正确的着装——我好几次穿着圣罗兰去参加示威活动，反之亦然。说到底，任何姿态都可以有政治性。政治远不只是服饰。

马林：是的。但我也会想到，在某些历史阶段里，服饰改变过文化的表述方式。你认为当今的时尚依然能有那种革命性吗？

普拉达：我想那是一种反馈。我想说的是，有些人抱怨时尚界不再有新鲜感了，但时尚反映了社会当下的动态。在迷你裙盛行的时代，也爆发了女性革命，人们做出了政治上、智识上的反馈，这一反馈也体现在服装上。穿衣是抗争的一部分，但那些抗争的根源则更深。

马林：你对制服这一概念有什么想法？

普拉达：我一直很喜欢制服，因为制服能给你一种自由——不用再操心、选择穿什么。几年前，我开始关注这个概念。哪怕我从来没有为自己的时装秀设计过制服款式，但我喜欢它们，因为穿上制服就能掩藏真实的自己。你就将是自由的、解放的。所以我总这么说：服饰可以助你一臂之力，主要是在你心情好的时候（笑）。假如你很痛苦，或在生病，总之是倒霉的时候，你可能就不太关心时尚了。

I like beauty, but I am much more interested in ideas

我喜欢美，但我对思想更感兴趣

马林：在公司扩张的阶段，普拉达有哪些变化？你会不会在某个时间点觉得一个这么大规模的企业扩张过度了？

普拉达：没有，我从没这样想过。我喜欢扩张的想法，因为我一直认为，只为一小群时尚高端人士做衣服未免太局限了。这对我来说太容易了，而面对外面的大世界才会带来更让人激动的、更多的挑战。这很难，所以我非常有兴趣。

现在，随着所谓的"全球化"，理论上讲，你应该知道任何地方发生的任何事。你试图掌握部分，甚至全部的动向，因为你的工作要求你必须这样做。我和普拉达基金会的艺术家们交流时也常常这么说，我的工作让我很自豪，因为唯一能迫使我与现实保持关联的事就是工作。艺术更虚——你可以随便说，随便做。而在时尚面前，你必须真正地直面自己。有时，你认为一些衣服很美妙，但没人想要。另一些时候呢，人们想要的款式却是你讨厌的。这类对峙真的很有趣，因为你会学到一些东西。

马林：即使从文化的角度去考虑也很有趣——设计师设计服装的方式会受到地域的限制，比如在一些国家，你不能露腿，中国人的体型偏小，东欧人的体型偏大，你不能在美国露出乳头，诸如此类。

普拉达：事实上，政治正确可能也会限制创造力，但这真的很有意思，假设你是给一个小群体设计服装，那你想怎样设计都可以。现在，受众千姿百态，你出于本能就会去顺应，因为这是一种尊重。有人会说我们正在剥夺自由，但我认为，应该尊重他人的观点。这是一个大问题，但也是个有趣的问题。

马林：我也很想知道一家时装企业是如何理解"奢侈品"这个概念的，尤其在东方和西方两种市场背景下？

普拉达：我必须说：奢侈品的概念在任何地方都是非常相

似的（笑）。

马林：你曾说过，"时尚从不向'丑恶'敞开"。你认为这些年来这一点有改变吗？我们是否在见证越来越多标新立异的乱象？

普拉达：我入行时，确实有这种禁忌。我觉得那不对，因为肮脏和丑陋的事物在电影、艺术、戏剧里随处可见，而那恰恰是最有趣的部分。但在时尚界呢？只有美、小资、完美主义。作为时装设计师，我一直想打破那些规则，将"真实的生活"引入时尚。这个任务还没有完成，因为，到目前为止，时尚依然偏好呈现出经典的美。对我来说，超越这种美的概念、进行更多探索和开拓是天经地义的事。"美"的确切含义究竟是什么？

马林：而且，普拉达的文化认同已超越了时尚层面。

普拉达：是的，我相信是这样的。我相信不同事物之间有所关联。我的想法有政治性，这意味着，思想捍卫的任何东西都需要我为之奋斗——为文化、为理解、为平等，诸如此类。我拥有的工具就是时尚，还有普拉达基金会。实际上，我不得不发展基金会，因为时尚作为工具真的不够用（笑）。以前我总说，当时装设计师是最坏的选择。我为此羞愧了很久。但后来我想通了，我意识到这就是我所拥有的利器，于是我试图用自己的公司来实践我坚信的想法。

事实上，我们一直在努力，想扩展到文化、建筑、电影等领域——我们试着跨界，提供更多素材，为思想提供更多养分。比方说，Miu Miu 有"女人的故事"电影短片系列，这个项目与女导演们持续合作，我们提供平台，制作和展现她们对于女性与浮华的思考。它是一个供大家就这些话题展开对话的平台。总之，我会说，我喜欢美，我对艺术、建筑、设计或任何形式的美学都很有兴趣，但我对思想更感兴趣。

马林：普拉达基金会中心的建筑有一种别致而风趣的风格。它是大都会建筑事务所设计的，由雷姆·库哈斯 [5] 指导。是什么促使你想和他们合作？

普拉达：简单来说，是一种与聪明人交流、把我的想法付诸实现的方式。这是一种认识、理解和学习的方式，为了解决一个问题，去放大所有的可能性。

I still believe art is art, and even if there is a lot of marketing aroun it, when a great artist does something, it is d for the idea. Whatever a designer does—eve it is really beautiful—i done to be sold, so the is a huge difference

e

我仍然相信艺术就是艺术，即使它有很多营销运作，当一个伟大的艺术家完成某件作品时，作品就是为了实现艺术家的想法而存在的。而不管设计师做出什么——哪怕作品真的很美——它们都是用来售卖的，所以这两者有巨大的差别

马林：我也觉得短片系列非常有意思。你为什么决定要和罗曼·波兰斯基、韦斯·安德森这些电影人合作？

普拉达：假如你想了解某个人，就该和这个人一起工作。只在社交场合认识一下是不够的。正是因为对他们的创作感兴趣，对他们要表达的东西感兴趣，我才会促成这种合作。我感兴趣的是讨论，再把交流出来的一切感想导入我自己的创作和生活里去。当然啦，这种合作也是基于彼此尊重、认同和欣赏而做出的选择……

马林：你也促成过一些技术层面的合作，比如你和艺术家简明[6]的那次。我觉得那次合作是领先于时代的，为时尚界的不同领域敞开了大门。

普拉达：嗯，这一点我没想过，因为对我来说，这些事情都只是用来辅助想法的。我想到了亚历杭德罗·冈萨雷斯·伊尼亚里图[7]对我们基金会的贡献。他也用到了技术，但他是借由技术手段让我们领略到他的理念，并展示了他的想法如何得以实现的。那也引发了一场对于虚拟现实在电影和现实生活中起什么样作用的讨论。我记得他谈到一个悖论：为了让人们更加理解真实，你好像必须先拍出一部假的电影……此外，谈到电影，还有一件事是我现在很关注的：我们基金会启动了一项重大的电影项目。在意大利，去电影院看电影的传统日益衰减，文艺片的排片非常少，所以我们正在努力扭转这种颓势……我们会把这个项目做下去，尽可能地推广它。

马林：你支持"普拉达马尔法"[8]这类独立项目吗？

普拉达：他们当时不需要赞助，只想要几个包和几双鞋，当然，我就给他们了。说来也巧，他们正在做基金会的下一场大型展览。他们非常聪明，想法很精彩，都是非常优秀的艺术家。我们都对这个项目感到很兴奋。

马林：说到基金会，我有点好奇你当初是怎么开始收藏艺术品的。

普拉达：这事儿说来挺好玩的，因为我基本上是从文学、电影和戏剧中学东西的——以前我对艺术没太大兴趣。后来，我认识了我丈夫在托斯卡纳的一些朋友，都是艺术家，再后来，他们来米兰参观普拉达的展馆。当时，雕塑比绘画更难让我们定夺，他们看到我们光秃秃的室内空间后就说:"哦!你们该做个关于雕塑的展览。"我和丈夫同意了,决定就这样办。我们就这样开始做功课,拜访艺术家,和他们交谈,学习……我们花了十年的时间去学习。

马林: 你们的收藏兼收并蓄。你办公室里还有卡斯滕·霍勒的作品。你如何决定收藏什么样的作品?

普拉达: 一般来说,我和丈夫是分头做收藏的。他能领悟到某件艺术品在终极意义上的美,在这个层面比我更有学养,而我对艺术品背后的理念和主题更感兴趣。所以到最后,这对我们两人来说都是一个学习的过程,我们买了20世纪五六十年代的艺术品,就这样开始了。与其说是收藏,不如说是学习的过程——收藏并不是我的重点。事实上,我一点都不喜欢别人把我看作收藏家。眼下,我收藏的东西很少,因为我不知道自己究竟对什么感兴趣——是我自己钟爱的艺术品,还是为基金会的展览收集的艺术品呢?

马林: 所以,你会说自己的美学观更偏重智性吗?

普拉达: 是的,我同意。

马林: 有时候,艺术和时尚之间的界限非常模糊……

普拉达： 对我来说，两者的差别是巨大的。

马林： 那么，你在大都会这样的博物馆里办时装展的时候，这两者之间是什么关系呢？

普拉达： 大都会的展另当别论。如果你想知道艺术和时尚之间的关系，那我要说：我一直处于微妙的立场，因为我一开始很想把这两件事分开——哪怕在我心中，它们根本就不能分开。但我不希望人们认为我利用了某种优势。我想靠自己，所以我在工作时总是拒绝与艺术家合作——即使现在每个设计师都会这样做，有时不这样做甚至会显得很傻。

我不喜欢利用别人或艺术品来增加自己的吸引力。我仍然相信艺术就是艺术，即使它有很多营销运作，当一个伟大的艺术家完成某件作品时，作品就是为了实现艺术家的想法而存在的。而不管设计师做出什么——哪怕作品真的很美——它们都是用来售卖的，所以这两者有巨大的差别。总的来说，我不喜欢那样做，但我也真的没有理由不那么做——大概因为别人都那么做，而我想背道而驰吧（笑）。我总想和别人不一样，但当然了，理论上讲，联名合作是很好的。你对这种合作有什么看法？

马林：我认为联名合作很棒，好的艺术——和一个好的设计一样——是能自我展现的。如果联名设计具有原创性，你一眼就能看出来；要不然它就只是跟风。优秀的艺术品永远不会让人觉得只是潮流而已。

普拉达：说得太对了。但请不要把我看作艺术家。我可以说我有创造力什么的，但……

马林：我认为你是。

普拉达：有时候算吧。你是在恭维我吗？（笑）

马林：我想应该事实就是这样。有些人是医生，有些人是鞋匠，还有些人就是艺术家。

普拉达：这个说法是挺好的。可是现在人人都想被称作艺术家呢（笑）。好了，我是在开玩笑，我明白你的意思。

马林：在职业生涯的哪个节点，你觉得自己是个成功的时装设计师了？

普拉达：应该说从来都没有吧（笑）。我总能看到问题和我需要改进的地方，而且，我的事业进展一直很艰难，尤其在起步阶段。我在做自己喜欢的事，但对于时尚经典来说，我的设计太奇怪了——有些东西让他们看不惯，但对前卫派来说又不够前卫。那时我就一直处在灰色地带。

马林：你担心自己被过度曝光吗？

普拉达：这里的平衡很难把握，因为我的作品肯定需要多多曝光，但我个人恰恰相反。

马林：最能带给你灵感的是什么？

普拉达：万事万物都能，也可能都不能……看情况。眼下，我专注于反抗的理念，以及人们的生活。我对此很感兴趣。

马林：关于你自己，你能做的最诚实的表述是什么？

普拉达：我不知道怎么说……（笑）。

1　卡斯滕·霍勒（Carsten Höller, 1961— ），德国艺术家，曾是从事生物学研究的科学家，1993 年转向艺术创作，作品充满实验性，通过精心控制与参观者的参与，建构出大型空间，观察置于其中的人，用理性角度和艺术方法搜集人们的触觉，同时激发人们感知世界的张力。

2　意大利妇女联盟（Unione Donne Italiane），成立于1944 年第二次世界大战期间，宗旨是实现妇女的自由与解放。

3　米兰小剧院（The Piccolo Teatro），意大利米兰的一家剧院，1947 年落成，被认为是欧洲极重要的剧院之一。

4　罗伯托·罗西里尼（Roberto Rossellini, 1906—1977），意大利导演、编剧和电影制片人，意大利影坛艺术新现实主义的重要成员之一，代表作有《罗马，不设防的城市》《德意志零年》。

5　雷姆·库哈斯（Rem Koolhaas, 1944— ），荷兰建筑设计师、建筑理论家，被称为 21 世纪最具创新精神的现代主义者、解构主义者和结构主义者。1975 年与埃利亚·曾赫利斯（Elia Zenghelis）、祖·曾赫利斯（Zoe Zenghelis）一起在伦敦创立了大都会建筑事务所（OMA）。2000 年获第二十二届普利兹克奖。

6　简明（James Jean, 1976— ），美籍华裔插画艺术家，现居洛杉矶。2011 年成为 DC 漫画公司的封面画家，曾连续五次获得全美漫画封面设计奖"艾森纳奖"（Eisner awards）。与众多时尚媒体和品牌有过商业合作。

7 亚历杭德罗·冈萨雷斯·伊尼亚里图（Alejandro González Iñárritu，1963— ），墨西哥导演，代表作有《爱情是狗娘》《鸟人》。

8 "普拉达马尔法"（Prada Marfa），艺术家艾默格林（Michael Elmgreen）与德拉塞特（Ingar Dragset）于 2005 年建造的永久雕塑、装置艺术，位于美国90 号公路旁，距离最近的小镇马尔法约四十二公里。缪西亚·普拉达本人授权他们使用普拉达商标，并亲自挑选了放置其中的限量款单品。

AN

JE
LI
CA

ANJELICA HUSTON
安杰莉卡·休斯顿

LOS ANGELES, 2018

安杰莉卡·休斯顿是演员，也是导演，出身于电影世家，祖父是沃尔特·休斯顿（Walter Huston），父亲是约翰·休斯顿（John Huston），她继承了祖辈的事业，职业生涯星光闪闪，荣获多个奖项，包括两次美国独立精神奖、洛杉矶影评人协会奖和纽约影评人协会奖，以及一次奥斯卡最佳女配角奖。作为导演，她的首作《卡罗来纳的私生女》（*Bastard Out of Carolina*）大胆改编了多萝西·艾利森（Dorothy Allison）的同名畅销小说，得到高度赞誉。

在她位于洛杉矶宝马山（Pacific Palisades）的家，一只名叫奥斯卡的杰克罗素梗犬愣头愣脑地跟着我迈进大门，直奔客厅。"你知道吗，它喜欢英俊的男人。"安杰莉卡说道。我问她奥斯卡是不是同性恋，她两眼放光地答道："哦，它骨子里是！"我们都笑了。不知为何，这个场景在我看来是最纯粹的"休斯顿式"的，只用一点小八卦，她就不动声色地吸引了我的注意力。这就是安杰莉卡·休斯顿，高大、迷人，乌黑的头发和五官让人联想到希腊雕塑，她的口才极好，谈起自己的生活、工作以及让她有所启迪的人生经历时滔滔不绝，充满激情。

乌戈·韦尔塔·马林： 一开始，你怎么会对电影有兴趣的？

安杰莉卡·休斯顿： 我很小的时候看到父亲的电影，就对电影感兴趣了。我是在爱尔兰西部长大的，住在戈尔韦郡，那时候爱尔兰的电影院屈指可数。在戈尔韦的主城区有一家电影院，去一次大概要在路上花一个小时……我们乡下的房子里有一台放映机，翻来覆去地播放我父亲的四部电影，我一遍又一遍地看，看得滚瓜烂熟。

《碧血金沙》《非洲女王号》《红磨坊》，还有一两部他拍的战争纪录片，《上帝说要有光》和《圣彼得罗之战》。我第一次看别的类型的电影是去戈尔韦当地的赛马俱乐部聚会的时候，看了一部迪士尼电影。当然，我们家那时候没有电视机，整个爱尔兰西部都没有。我看了一部叫《沙漠奇观》的电影，讲的是动物和沙漠的惯常主题：每一种生物都在盼雨水，最后下雨了，皆大欢喜，哈利路亚。我很喜欢这部电影，觉得好看极了。

不过，对孩提时代的我影响最深刻的电影——除了我父亲拍的，他的作品对我来说已习以为常，任何小孩都会这样对待父母的作品，理所当然嘛——是《怀春玉女》(Gidget)。

当时，这部电影在戈尔韦公映，哦，我的天啊！电影里有一个镜头是这样的，女主角低头看了看自己的上衣，说道："我是个成熟的女人了。"——当时的我觉得太妙了。

马林： 你参与过的影片都很有特色，很多作品都像是顶着风险做出的选择。对你而言，怎样才算好剧本或有趣的项目？

休斯顿： 要是这个问题能有一个漂亮的答案，那世上应该会有很多更好的电影吧（笑）。说正经的，我认为好剧本应该有四个维度。它应该让你深刻理解每个角色是谁。这倒不是说非要写得特别饱满，而是说你必须非常理解每个角色，以及……戏剧性。对我来说，好剧本还必须有情感。写得好不好并不重要，只要有情有感，或者说，只要这个剧本能抓住你的心。好剧本不一定要显露才智。我更喜欢做一场梦或走上一段旅程，而不是动脑子去求解某些答案。所以，在某种程度上说，某些类型的电影是我看不下去的——比如，要用到很多数学头脑的电影，运用许多技术的或类似科幻的电影——我会觉得太难了，跟不上。

马林： 你在演艺生涯中塑造了许多经典形象，其中之一就是在《女巫》（*The Witches*）中扮演的高阶女巫。

休斯顿：哦，是的。

马林：我以前读到过，你说你相信女巫就是走上邪路的女神……

休斯顿：是的，她们就是。堕落的天使。

马林：我小时候最喜欢的神话就是美杜莎的故事。女神变成怪物，头发都是蛇，能把人变成石头——这个想法太神奇了。你会不会觉得这些角色强调了女性赋权？

休斯顿：女性赋权这个我说不好。但女性的愤怒是显而易见的……而且，我认为这两者也许有着某些关联。我注意到，女性会在最愤怒的时候感觉自己最强大。而那也是对男人来说最不具吸引力的一种状态。所以，我认为当女人感到愤怒、褪去吸引力，甚至有点残忍时，她们也很享受这种不用去讨好男人、不用遵循浪漫爱情的世俗标准的感觉。

I think reflecting conditions is one thing, but I also think fantasy is great— to take people to another place

我认为反映现状是一方面，但另一方面，想象力也很伟大——把人们带往另一境界

马林：说到这个，我挺想知道，当一个人扮演这种类型的角色时，他会用什么引发这种愤怒情绪呢？演员怎样利用过去和现在发生的事，怎样从自身经历中汲取经验来表演？我觉得这个话题很有意思。

休斯顿：表演酷似炼金术。有时你会在表演中迷失自己；你进入角色后可能陷得很深——真的会这样。有时候，这取决于你有多清醒，你往哪里看，因为只要你去看了，迹象便无处不在……

马林：你认为演员在社会上扮演了什么角色？

休斯顿： 要反映当下发生的事件，展示人生最好、最糟糕以及最平庸的时刻。我认为反映现状是一方面，但另一方面，想象力也很伟大——把人们带往另一境界。我跟你讲讲我见过的最强有力的一件真事（我有天晚上在《名利场》杂志的派对上遇到萨沙·巴隆·科恩[1]，就把这事告诉了他）。我在威尼斯海滩有个朋友，以前我常和他一起散步。我总在清早看到他，就一起走走。有一天，他没有出现在木板路上。后来，我有很久没再看到他，我听说他得了卢伽雷病[2]。

那阵子刚好是奥斯卡颁奖典礼前后，所有提名电影的录像带我手头都有，包括《波拉特》（Borat）。后来，等我过去看望迈克尔的时候，他的脖子以下都不能动了，几乎不能自己吃饭——情况就是那么糟糕。我把《波拉特》放给他看，看着他看。就在看电影的那段时间里，迈克尔变了……他的背拱起来，咧开嘴，露出牙，笑疯了。在那一个半小时里，萨沙·巴隆·科恩能够分散他的注意力，让他忘记自己的病……

马林： 太神奇了。

休斯顿：就是一个奇迹。

马林：你和这个时代最厉害的一些电影人都合作过，你自己也导演过一些非常有趣的电影。你觉得当导演的乐趣何在？

休斯顿：找到故事的核心，确定戏剧性在哪里以及所展现的情境是否真诚。如果这样，会发生什么？如果那样，会有什么感觉？大部分情况下，这些都是你无法预先设定的。有时候，你必须让自己接受事情自发的结果，那挺吓人的，因为你不知道事情会往哪个方向走。所以，你只能相信它会发生，或者有时它不会发生。但我认为，你需要做好准备，有备无患……

马林：韦斯·安德森是我最喜欢的现代电影人之一。当初是什么促使你和他合作的？你觉得他的作品有趣在哪里？

休斯顿：最初是我的经纪人把他介绍给我的。他说："你必须看看他的电影。"因为在他邀请我出演《天才一族》（*The Royal Tenenbaums*）之前，我还没看过他的电影。所以我去看了《瓶装火箭》（*Bottle Rocket*），结果真的好喜欢。他的作品里有一种温和的讽刺，我很喜欢。我觉得他和演员们的合作很棒，成果出人意料。他真的特别有开创性，我从没见过哪部电影像他拍的那样。后来，我在纽约见到了他。我们约了一次早餐，我立马就喜欢上他了。他非常得体，保守，说话简明扼要，尤其对于一个得克萨斯人来说——这关系我还真搞不太懂呢（笑）。

我认为《天才一族》的剧本特别好，特别到位，但我觉得还少点什么。我把我的想法跟他说了，怎么说呢，我请求他最后给我加一场戏。那场戏在我看来是很重要的，因为（电影里的）埃塞琳德原谅了罗亚尔。韦斯接受了这个建议，他一点都不气恼，没有死守他的剧本——这也是我真心欣赏他的一点。他想的不是"哎呀，女主角想要加一场戏"。相反，他认真地听你说，征求你的意见，问你认为怎样是可行的，或者你对这个那个有什么想法。他在这方面总是做得很好，倾听你的感受，了解你对某场表演的需求，你认为怎样可以改善氛围。

比如说在《水中生活》（*The Life Aquatic with Steve Zissou*）里，史蒂夫和埃利诺分开后——他们在两个地方——他去看她。我对韦斯说："我希望屋里有个情人。我不希望他来看我的时候我又悲伤又孤独。"结果，韦斯就给了我一个小帅哥（笑）。

马林：（笑）完全不一样了。

休斯顿：可不！她正在跳舞，屋里还有个可爱的帅哥，你懂，情况就完全不一样了。还有，韦斯的审美——他的色彩感实在太妙了，也有很好的时尚感。他是个艺术家。

马林：说到不同的艺术领域……我读到过，你小时候见过约翰·斯坦贝克和让-保罗·萨特。在这些杰出的作家和艺术家身边成长是什么样的感受？

休斯顿：我实在是太幸运了。约翰·斯坦贝克是个非凡的人物——你家里不可能来更好的客人了。他很好玩。圣诞节，他就扮圣诞老人，甚至写了个圣诞老人的故事。他和我父亲交情很好，而且非常直接。那时我很小，但他和我说话时就把我当个大人。他送过我礼物——一枚瓜达卢佩圣母的金牌，还写了一封信，说是一个叫"蹦蹦"的女孩给他的。我后来才明白女孩为什么叫"蹦蹦"——她的人生经历了很多起伏，就像在蹦床上一样（笑）。他是个很棒的人，直率，睿智，人很好。他太妙了。我一直都最喜欢艺术家……

马林：在艺术家群体中，有没有哪些人对你的影响比其他人更大？

休斯顿：我不知道呀。但我知道，我受伊迪丝·华顿[3]、简·奥斯汀和莉莲·罗斯[4]的影响非常大。我也很喜欢薇拉·凯瑟[5]，对道恩·鲍威尔[6]和多萝西·帕克[7]情有独钟。总的来说，我更喜欢 18 世纪、19 世纪的女性小说家。

马林：这些作家都很有意思。琼·狄迪恩说过……

休斯顿：嗯，她也是个伟大的作家。

马林：她说过，写作似乎始终含有表演的成分。你认同这种说法吗？

休斯顿：是的，我认同。你必须让读者觉得有趣味，这与选词组句的方式有关，也就是词句在页面上给你的观感。这事情十分微妙，有些词在一起就是效果好，还有一些则需要颠倒调换，才能让句子看上去更漂亮。我确实认为写作需要一种表演和展示的意识。

I've always liked to be interpreter. I think wh I love about being an actress is that I can tak an idea and run with it

我一直想做个演绎者。我之所以喜欢
当演员，正是因为可以吸纳一种想法，
然后加以发挥

马林：你的书房里，最有价值的是哪本书？

休斯顿：我有一本手绘书，是我的姨婆玛格丽特送给我的。她是一名歌剧演员，不管从哪方面说，都算是个大人物。她在圣巴巴拉有一间音乐学院，是位女强人。那本好看的手绘书是她的一个学生送的。用这种方式对我姨婆表心意真是太美妙了。后来，我还有过一本照片书，是我丈夫在我们刚结婚时为我做的。如果发生了火灾，我会把这两本书抢救出来。

马林：我还想问一个问题，关于你职业生涯里的另一个大主题：你和时尚有怎样的关系？

休斯顿：要说最近，我也不知道了。以前，我和时尚的关系真的特别好：我爱它，它也爱我。但你知道，人总是会长大的。时尚正变得越来越年轻，到现在，*Vogue* 杂志上没有出现过十八岁以下的女孩——好像这样行得通一样……我认为，时尚是给最适合它的人的。除非你把时尚作为终极目标或最重要的兴趣，在那种情况下，你的穿着打扮尽可走极端，或像艾瑞斯·阿普菲尔[8]、戴安娜·弗里兰[9]那样抱有真正的时尚观念，否则，到了人生某个阶段，你就不会再想把自己的生活全部奉献给时尚了。我觉得我经历过了，那个时候，时尚真的很棒、很有趣。我和不少出色的摄影师合作过。我们那时很爱胡闹，也被允许胡闹，而且，那时候没人谈论……

马林：政治正确？

休斯顿：这些词当时都还没被发明出来呢，所以，没错，胡闹起来是有点危险，但也是一种诱惑。后来，在某种程度上，时尚变傻了，变成了另一样东西……我会说变成了"穿着妈妈的裙子、爸爸的鞋子的女孩们"。不过，时尚现在无处不在。我不知道时尚自己还知不知道它想往何处去。

马林：那时，拍过你的摄影师包括理查德·阿维顿、欧文·佩恩、居伊·布尔丹、赫尔穆特·纽顿、大卫·贝利、赫布·里茨……[10]

休斯顿：鲍勃·理查森[11]。也许是他们中最了不起的一个。

马林：我觉得，你和摄影师们之间有种有趣的共生关系，既是他们的缪斯女神，又是超棒的拍摄对象。

休斯顿： 谢谢。我也乐意这样想（笑）。我一直想做个演绎者。我之所以喜欢当演员，正是因为可以吸纳一种想法，然后加以发挥。我喜欢被指导。我很喜欢别人给出一个好点子，随后我就尽情演绎——这也是我爱做模特的原因。我记得，我多年来一直听说赫尔穆特·纽顿有多么难搞，合作起来有多么困难……

马林： 他在这一点上确实声名远扬……

休斯顿： 他太神了。当时，我和大卫·贝利、居伊·布尔丹合作拍摄巴黎特辑，等我们拍完，时装周也结束了，我凌晨 3 点刚回到公寓就接到 *Vogue* 杂志社打来的电话。头版需要一张照片，他们问我能不能赶到波旁宫广场，马上让赫尔穆特·纽顿拍一张。我兴奋到不行，立刻钻进出租车，到广场的一角，也就是 *Vogue* 杂志社所在地下车，赫尔穆特就在里面。他都准备好了。就他一个人，连助手都没有……大概有一个吧，反正以今天的标准来看简直荒谬。

我换好衣服，走出来，我的照片成了这一组宝丽来照片中的第一张——那组照片里每个女孩的眼睛都红通通的。我喜欢。他是那么激情万丈，精力旺盛……"退后！往前走，做这个动作！做那个动作！"我简直身在天堂！（笑）我们像一对好朋友那样道别了。收工时，天也亮了，就这样，后来他找我拍过好多次。我很喜欢和他合作。奇怪的是，他也喜欢和我丈夫合作……不是那时候，我想他应该是在20世纪80年代认识我丈夫的，但鲍勃[12]确实是他最喜欢拍的对象之一。

马林：安迪·沃霍尔也为你制作过一幅肖像。说说那件事的来龙去脉？

休斯顿：好，我第一次去纽约时住在最要好，也是认识最久的老朋友琼·朱丽叶·巴克（Joan Juliet Buck）的公寓里，她当时在一家时尚杂志社做初级编辑。她带我在纽约到处玩，还把我介绍给她的朋友们。很多人都在马克斯的堪萨斯城[13]附近转悠，我就是那阵子第一次见到沃霍尔的。他喜欢异国情调的东西，你知道，我们当时都年轻、漂亮，我来自一个有趣的家庭，所以，我觉得他挺高兴结识我们的。

后来，我们去了安迪·沃霍尔的"工厂"，放眼望去全是妙不可言的人。他的小圈子非常有趣：鲍勃·科拉切洛、薇娃，杰拉德·马兰加……[14] 那个年代，人们聚集在那样的地方，艺术创作和各种活动都非常丰富。那也是我第一次接触到跨性别群体。我被他们深深吸引了，简直有点着迷。像是坎迪·达令、霍莉·伍德劳恩和杰姬·柯蒂斯。[15] 在我眼里，她们太有意思了——当时的我年轻又天真，纽约的这一面让我大开眼界。我觉得一切都很有趣。

马林： 我相信那些社交场景——譬如 CBGB[16]、马克斯的堪萨斯城和 54 号工作室 [17]——对塑造出我们现在看到的纽约有着不可磨灭的功劳。

休斯顿： 绝对的。那是时尚和摇滚原始爆发的年代，毫无疑问。虽然我去过两次 54 号工作室，我在那儿一点也不高兴……

马林： 为什么？

休斯顿： 因为有太多人想跟我男朋友搭讪（笑）。

马林：（笑）美是电影史、时尚史上的一个关键因素。你的美学观是什么？

休斯顿：这个问题挺难回答的，因为我越是看到自己在电影中变老，就越不喜看自己的电影。不过，当我在电影中看到别人变老了就还好，感觉变老没那么让人难受了。

马林：你一直和艺术界保持密切的联系。请问你对艺术产生兴趣是从什么时候开始的？

休斯顿：从我坐在爸爸妈妈腿上的时候就开始了。我母亲品位非凡。她听从了我父亲的指导，在爱尔兰找到一所房子来抚养我和弟弟托尼。她找到了这个在戈尔韦的房子，然后全权负责装修。她也是个擅长演绎的艺术家，因为她是芭蕾舞者，也极其自律。她了解很多常识，比如……我不知道怎么说，我记得她说起装饰房间时提到过一点：地板应该始终是大地色系，墙壁应该始终是天空色系。

马林：听起来很靠谱。

休斯顿：如果你仔细想，就会觉得这话很对。我丈夫考虑建筑、尺寸、人们如何融入环境这类事情时也会这样想。

马林：在职业生涯的哪个节点，你觉得自己是个成功的女演员了？

休斯顿：我想是在我拿到奥斯卡奖之后。

马林：你担心自己被过度曝光吗？

休斯顿：从来没有！（笑）

马林：最能带给你灵感的是什么？

休斯顿：爱与欣赏。

1 萨沙·巴隆·科恩（Sacha Baron Cohen，1971— ），
   英国演员、编剧、制片人。2006 年，担任喜剧电影
   《波拉特》的编剧及主演，该片入围第 79 届奥斯卡
   奖最佳改编剧本奖。

2 卢伽雷病（Lou Gehrig's disease），即肌萎缩侧索硬
   化症（ALS），也称渐冻人症、运动神经元病，是一
   种渐进且致命的神经退化性疾病。

3 伊迪丝·华顿（Edith Wharton，1862—1937），美
   国作家，作品包括《纯真年代》《四月里的阵雨》《马
   恩河》《战地英雄》等，擅长描写纽约上流社会。

4 莉莲·罗斯（Lillian Ross，1918—2017），美国记者、
   作家，从 1945 年开始为《纽约客》撰稿，作品以深
   度人物报道为主。早期代表作包括写海明威的长文，
   其后七十余年里，对美国新闻界影响颇大。

5 薇拉·凯瑟（Willa Cather，1873—1947），美国作
   家，早期作品受亨利·詹姆斯影响，后来以自幼熟
   悉的美国西部生活为题材，创作富有地方特色的作
   品，1923 年获普利策奖。

6 道恩·鲍威尔（Dawn Powell，1896—1965），美国
   小说家、剧作家。

7 多萝西·帕克（Dorothy Parker，1893—1967），美
   国作家、诗人、编剧。

8　　艾瑞斯·阿普菲尔（Iris Apfel，1921—），美国商人、室内设计师、时尚偶像。

9　　戴安娜·弗里兰（Diana Vreeland，1903—1989），法裔美国时尚编辑、专栏作家，曾供职于《哈珀芭莎》、*Vogue* 等杂志社，后在大都会艺术博物馆担任顾问。

10　　理查德·阿维顿（Richard Avedon，1923—2004），美国摄影家，1992 年成为《纽约客》首席摄影师，被苏珊·桑塔格称为 20 世纪职业摄影的典范之一。

欧文·佩恩（Irving Penn，1917—2009），美国摄影家，1943 年起为时尚杂志工作，堪称将商业摄影和艺术相结合的典范。

居伊·布尔丹（Guy Bourdin，1928—1991），法国艺术家、时尚摄影师，深受超现实主义艺术的影响，构图、色彩大胆，极具挑衅意味。

赫尔穆特·纽顿（Helmut Newton，1920—2004），德裔澳大利亚摄影家，以黑白人像及人体和时尚摄影闻名于世。

大卫·贝利（David Bailey，1938—　），英国摄影家，活跃于 20 世纪 60 年代，和时尚杂志、摇滚音乐界、电影界关系密切，是法国巨星凯瑟琳·德纳芙的前夫，也是安东尼奥的电影《放大》的人物原型。

赫布·里茨（Herb Ritts，1952—2002），美国时装导演和摄影师，以拍摄 20 世纪 80 年代至 90 年代的名人、模特和文化人物闻名。

11　鲍勃·理查森（Bob Richardson，1928—2005），美国时尚摄影师，三十五岁时从平面设计转行摄影，又因备受精神分裂症困扰，一度流落街头。1989 年起，在国际摄影中心和视觉艺术学院任教。

12　指罗伯特·格雷厄姆（Robert Graham，1938—2008），出生于墨西哥的美国雕塑家，1992 年与安杰莉卡·休斯顿结婚，鲍勃（Bob）为其昵称。

13　马克斯的堪萨斯城（Max's Kansas City），位于公园大道南段 213 号，纽约的摇滚地标之一，楼下是餐馆，楼上是演出空间，在 20 世纪六七十年代聚集了众多音乐人、诗人、艺术家和政治活动者。

14　鲍勃·科拉切洛（Bob Colacello，1947— ），美国作家。
薇娃（Viva，1938— ），原名 Janet Susan Mary Hoffmann，演员、作家，被公认为沃霍尔的缪斯之一。
杰拉德·马兰加（Gerard Malanga，1943— ），美国诗人、摄影师、电影人、演员、策展人，曾是沃霍尔最重要的助手。

15　坎迪·达令（Candy Darling，1944—1974），美国演员。
霍莉·伍德劳恩（Holly Woodlawn，1946—2015），波多黎各演员。
杰姬·柯蒂斯（Jackie Curtis，1947—1985），美国演员、作家、歌手。
三人皆为沃霍尔常合作的模特。

16   CBGB，纽约东区的音乐俱乐部，被认为是朋克音乐的诞生地，成立于 1973 年。

17   54 号工作室（Studio 54），位于纽约曼哈顿西 54 街，20 世纪 70 年代的传奇俱乐部，也是美国俱乐部文化、夜生活文化的代表。

CA

CARRIE MAE WEEMS
卡丽·梅·威姆斯

BROOKLYN，2018

R

RIE

借由图像和文本、电影和表演，以及她与活跃在不同领域的人之间的众多联系，卡丽·梅·威姆斯缔造了一个繁复的作品谱系。她的作品致力于通过审视人类共同的历史，帮助我们更好地理解当下。卡丽获得过麦克阿瑟天才奖等多个奖项，以及专项补助和学术奖金。她的作品被世界各地的公共和私人展馆收藏，包括纽约大都会艺术博物馆、纽约现代艺术博物馆、伦敦泰特现代艺术馆和洛杉矶当代艺术博物馆。

我在布鲁克林的一间录音室里见到了卡丽，当时她正在为下一个项目录音。这个空间很适合我们这样的采访，她那雄辩、深沉的嗓音充盈在整个空间里。卡丽本人自带引力，像行星般牢牢地吸引别人，她在言谈间旁征博引，在理论、社会政治和坊间逸事间游刃有余。身为一名艺术家，她通过自己的事业在缺失之地开创了深思的空间。她在讲故事方面极有天赋，能流畅地使用文字和图像创造出新的叙事，坚定地主张黑人和棕色人种的身体在艺术与生活中的存在价值。

I've used photography as my launch pad and it has taken me into the world

我一直把摄影当作我的发射台，它把我带入这个世界

乌戈·韦尔塔·马林：可以聊聊你意义深远的作品《餐桌》（*Kitchen Table*）系列的缘起吗？

卡丽·梅·威姆斯：嗯，当时我在新英格兰的汉普郡学院教摄影，和年轻学生们——年轻的男女——待在一起。那是个特殊的时期：围绕女性被物化，女性如何被呈现在影视、流行文化和社会中等问题，出现了许多作品和理论讨论。我注意到，我的女学生们在被拍摄时都不太会正视镜头——她们好像总是躲在头发、手或某样物体后面，与此相对，所有男生总是正对镜头。

我开始思考年轻女性是如何看待、思考自己的。我开始思考理论性的东西，女性主义理论——当时，那是非常强大

的主导思潮——我还想到，那些理论文本鲜少谈及非裔美国女性，非常少。你知道，劳拉·穆尔维[1]关于男性凝视的开创性文本几乎没有涉及该如何从理论的角度讲述黑人女性的问题。总体而言，围绕黑人女性、黑人身体的理论少之又少。正是在这种情况下，我做了《餐桌》。第一张照片是这么来的：那天晚上来了一个奇妙的男人——他刚好是我的邻居。我在那盏灯下看着他，心想："多么美好的一瞬间。"于是，我邀请他再来一次，并为他拍了一张照片，标题叫《吉姆，如果你选择接受，任务就是用你的双脚着陆》（"Jim, if you choose to accept, the mission is to land on your own two feet"）。

我开始质疑黑人男性的角色及其作用，开始思考那个场景，那个房间，那个环境，那个灯光——我可以在那儿拍一组照片，这些照片至少对我而言，可以回应已在流传的一些理论问题。我想到，可以怎样聚焦、怎样挑战、怎样重新定义"凝视"，用这种方式把纯粹的黑人身体引入公众视野，你明白吗？我从这个角度出发，有了一次完美的尝试。那感觉像是所有的灯泡都被点亮了，我顿感清晰……所以，我会去那个空间，拍照片，然后立即去我的暗房，冲洗底片，查看底片，再回家，再次回到同样的场景，再拍一次，再回暗房……那是一段非常密集地拍摄、再拍摄的日子。我非常清楚我想要什么样的画面，想把谁带入我的轨道。

马林：听起来，这部作品涉及的似乎更多是个体，而不是整体的种族。

威姆斯：哦，当然。但是，你无法看着黑人的身体而不去想种族问题——至少在美国是这样。这个项目不是关于种族的，正因为不是，所以很好，它能被世界各地的观众接受。不管我在哪里展示这部作品——西班牙、南非、巴黎、德国、中国香港——不管在哪里，大家的反应都很相似。人们真正感兴趣的是和他们相关的女性的故事。是与他们息息相关的场景。

马林：这部作品有纪实摄影的感觉，但实际上它的意图是成为一个质疑思想的工具。因此，我想问，你觉得摄影能让什么不可见之物变得可见？

威姆斯：几乎每一种情感、每一种状况，都能通过某种被捕捉到的样态表现出来。那些情感都在那儿。这就是工具——摄影作为媒介——的一个伟大之处。它具有描绘和暗示的非凡能力。

马林：对你来说，摄影有什么功能？

威姆斯：嗯，我一直把摄影当作我的发射台，它把我带入这个世界——我做的并不是纪实摄影，应该说我对观察事物、人、建筑、社会状况、文化现象……都非常有兴趣。我对这个世界抱有强烈的好奇心。我一直都在观察世界。摄影让我成为在世间游走并参与其中的观察者。

马林：你不认为自己是纪实摄影师，这一点很有意思。

威姆斯：我一直对纪实摄影有兴趣，但我真的不喜欢在未经他人许可的情况下拍摄他们，也不喜欢别人未经我的许可就拍我。但我热爱并尊重纪实摄影的传统；这门艺术有很多非同寻常的成就。我们已能用一种非常有趣的方式去看待这个世界，所以，存在于"构建出的图像"和"被发现的瞬间"之间的张力就是《餐桌》系列蕴含的力量。还有一种离奇的时间上的不确定性——你无法明确地知晓这些照片是什么时候拍的。可能是昨天拍的，也可能是五十年前拍的。它们具有这种开放的、概念性的质感，这使得它们一直保持生命力。至今仍有年轻女性和男性走到这组作品前，观察这些照片，思考这个项目，融入其中，我认为这真的很特别。

马林：我深有同感。我第一次看到《餐桌》系列是2014年在古根海姆博物馆，我记得当时我所受到的冲击，我知道那是古根海姆博物馆第一次郑重展示非裔美国女性艺术家的作品……

威姆斯：不，应该说是有史以来第一次展示非裔美国艺术家。这很重要。

马林：毋庸置疑。那次展览对你的职业生涯有何影响？

威姆斯：其实我也不太确定，因为我已经工作了很久，忙碌了很久，一直都直言不讳，还有人一直要我做各种各样的事。感觉我在很多方面都仍在原地踏步，你明白我的意思吗？我要说的是，现实的另一面是那个展并没有改变我作品的市场。你本期待它能带来改变，但并没有。所以，那个展对我的职业生涯有何种影响？我真的不知道……也许在某些方面有改变吧，如果非要这么说，我觉得获得麦克阿瑟奖是比较重要的事。

另一方面，古根海姆的展是个非常复杂的装置项目，因为他们把整个展分散成好几块，打破了展览本身的连续性，因而出现了一些问题。这只能算我个人想起那个展时的吹毛求疵吧。那个展最有趣的地方在于，围绕展品构建出了一个精妙的大项目：我在一星期的时间里邀请了一百八十多位舞蹈家、作家、诗人、歌手……各种艺术家和我一起探索如何与驻场艺术家们互动，让创意激荡起来。那场面太带劲了！我觉得那些艺术家呈现出来的东西，以及他们如何使用各自的艺术形式，都特别好玩。

马林： 我确信那个展让黑人艺术家群体得到了很多关注。

威姆斯： 当然。古根海姆博物馆是纽约的顶级展馆之一，在那里办展可不是闹着玩儿的。反响热烈，黑人艺术家群体特别自豪。你知道，大家以一种感激的心情来接触我。那并不是我原本期望的，但重要的是大家都感觉到了，看到一种文化被展示了出来。

The idea of digging through histories is a deep part of my life, my thinking, and my interests

挖掘历史的想法深深扎根在我的生活、我的思考和我的兴趣里

马林：你认为自己是有政治性的艺术家吗？

威姆斯：不，我不知道。但我认为自己是个有政治观的个体。

马林：你的系列作品《我从这里看到发生了什么，然后我哭了》（*From Here I Saw What Happened and I Cried*）和历史创伤记忆有一种强烈的关联。你是从什么时候开始对记忆这个概念感兴趣的？

威姆斯：可能从很早以前就开始了。我小时候认为自己长大后会当科学家。我以为自己会成为考古学家或人类学家。

挖掘历史的想法深深扎根在我的生活、我的思考和我的兴趣里。当然，调查自己家族的渊源也是挖掘历史，我的作品反复涉及了这个主题。推敲记忆、事物之间的关联和历史的过程会带来很多想法——因为和历史直接相关的就是记忆，但记忆并非为了自身而存在——我感兴趣的是探究我们对于过去了解多少，以及历史是如何传承下来的。

马林：历史化的过去和历史化的现在。

威姆斯：说得对。

马林：观众会给这组照片带来什么新东西吗？

威姆斯：我不知道，但愿会有一定程度上的理解，因为我认为在你自己与观众和作品之间，有一种相互的"协商"。我对所有投入的交流感兴趣，不管这种互动发生在你我之间，还是我和作品之间、你和作品之间、主题与主题之间，甚至是三者之间。所以，我对观众的想法和解释持有开放的态度。当然，观众有时候也会告诉我一些关于作品的，甚至我自己都不知道的东西，那也非常好。

马林：通常，黑人或拉丁裔艺术家的作品会被限定在肤色或文化背景中，不像白人艺术家，他们作品的核心主旨被默认是普世性的。

威姆斯：对。

马林：就这一点而言，你认为这几十年里有什么变化吗？

威姆斯：没太多变化。事实上，考虑到博物馆和文化机构现在所处的地位，我认为这种状况正以某种方式变本加厉。你看，我谈论了四十年的事情现在成了众所周知的：我曾说这个国家将经历一场重大的人口结构变化，这肯定会意味着什么，而几年后，这将成为现实。在所有这些文化机构中，没有哪家大量收藏棕色人种艺术家的作品，一家都没有……不论是棕色人种，还是棕色人种女性艺术家。主要来说，那些都是由白人男性或女性为白人男性群体建立的机构，但这就是机构被建立起来的原因。

现在，他们在思想上确实产生了某种转变，但那种思想本身并不复杂，甚至是反动的。所以，事情就有点像："哦，好吧。我们展出的艺术家里要有一些黑人，要有一些棕色人种，要有一些女性。"所有资助机构都会说："如果你们没有代表性的黑人艺术家，我们就不能资助你们。""如果你们的项目里连一个非裔美国人、拉丁美洲人或亚洲人都没有，我们就没法资助你们。"我说的是资助给几千家展馆机构的数十亿美元。从历史上看，白人的机构一直试图在找与这个快速变化的世界妥协共存、包容黑棕色人种艺术家的方式。问题更像是"我们能带你们玩儿吗？"，而不是"你们有怎样的艺术体系？"。

马林：确实如此。

威姆斯：对吧？我对奥奎·恩威佐[2]这样的策展人介入威尼斯双年展非常感兴趣。倒不是说这是有史以来最伟大的一场双年展，但它显然很重要，而且是前所未有的一场。借由各种渠道的传播、来自不同立场的不断解读，这些不可思议的思想终于被人听到了，接着，年轻的策展人赞叹着"哦，太好了！"，前来争取这些作品。探索现代主义、创造力和全世界黑棕色人种之间关联的全新方式出现了；抽象化的、远不只是针对殖民主义经验之表述的后殖民主义思维方式出现了。在某些方面，转变确实发生了，但这种转变源于错误的理由。

None of these instituti
have big collections m
by brown people, none
of them [...] Now there
is a kind of shift in the
thinking, but the think
isn't really complex, th
thinking is reactionary

在所有这些文化机构中，没有哪家大量收藏棕色人种艺术家的作品，一家都没有……现在，他们在思想上确实产生了某种转变，但那种思想本身并不复杂，甚至是反动的马林：它没有进入对话。它成了一种"要求"。

威姆斯：它是一种"要求"。但要紧的是你如何应对这种要求。

马林：是的。这让我想起古巴艺术家塔尼亚·布鲁格拉（Tania Bruguera）跟我聊起拉丁美洲写作时说的话。她说：尽管拉美艺术被更多人看到了，我们却仍然面对着许多刻板印象。因此，要记住拉美批评家也应该得到同等的重视，这很重要，因为他们从拉丁美洲的角度来解释艺术创作过程。

威姆斯：对。

马林：充分理解某些事实的复杂性，并将它们展示给其他尚未意识到那些复杂性的群体。

威姆斯：我们生活在一个人人都可以谈论世上出现的任何事情的时代，在我看来，这是一个非常重要的时刻——能和专业艺术人士一起切磋、寻找方向，探讨正在改变世界面貌的某件作品。我们要去要求他们充分了解那件作品，并能超越种族或文化背景去谈论它。

马林： 你在系列作品《所有的男孩》（*All the Boys*）中谈到了系统、权力、种族和警察暴力执法。你的意图是希望人们意识到非裔美国人在过去和现在都是如何被描述的吗？

威姆斯： 是……算是吧……我把关于连帽衫的想法做进了那个作品——穿着连帽衫的人竟然可能会被杀害，服装就是文化符号，我认为这很能引人深思。不过，《所有的男孩》属于一个更大的项目，叫《装饰音》（*Grace Notes*）。这个项目真正要审视的——且不说别的——是一个人在面对迫害他的致命力量时，如何坚守住人性的边界，坚守住自我的内核。人性中最核心的部分。我更感兴趣的是黑人的身体如何应对这种反抗力，就是在这番思考中，我渐渐领略到非同一般的优雅，一种惊人的同情心。

马林： 你的美学观是什么？

威姆斯： 嗯……你。我发现这个世界很奇妙，所以美不局限于某一样东西。只是一种状态。美是一种生活状态。

马林：越来越多的艺术家成了名人，你对此有何看法？

威姆斯：哦，好吧，一切都围着钱转。文化产品，钱……还有什么？除此之外就没别的了，没有产业。然后呢，你有了机器人，有了技术，还有一丁点个性，你懂的。

马林：在职业生涯的哪个节点，你觉得自己是个成功的艺术家了？

威姆斯：有一天，我去尼曼百货买东西，把我的信用卡给了收银台的女人，她说："哦！你是卡丽·梅·威姆斯。我可以给你打个折！"那时候我心想，我恐怕是出名了（笑）。

马林：（笑）你担心自己被过度曝光吗？

威姆斯：挺奇怪的，其实会。曝光并没有真的改变我处世行事的方式，但我确实考虑过这个问题。

马林：你有没有反复做的梦？

威姆斯： 现在没有了。以前有过，我总会梦到我想回家，一直想方设法回家，好和家人一起在田里干活，但就是回不去。

马林： 你对卡塞尔文献展、威尼斯双年展这样的大型国际艺术展有什么看法？

威姆斯： 艺术展以及和艺术有关的经济活动都有点让我提不起兴趣了。我觉得它们很粗俗，感觉我们被粗暴地摇醒了，却又无可奈何。相比于大多数艺术机构的动向，还有势必令人失望的艺术博览会，我认为关注年轻艺术家正在做什么更让人兴奋。但我不得不承认，奥奎策展的威尼斯双年展让我非常激动。

我认为那次展览开了先河，虽然有些展品的呈现方式由于某些原因常让我发笑，但我明白他在做什么，并为此高兴。能看到，就很重要。我认为那是棕色人种才能做到的非常关键的项目，他们身处那样的背景，所以才能做出那样的作品——用一种有趣的角度来说，我们像是用两种语言讲话的人。每一天，我都要走进这个极其复杂的白人世界。我可以在这个世界里嬉笑、玩闹、跳舞，做各种各样的事，然后回家，也可以在自己家里做这些事情，但这两个世界是割裂的，彼此毫无交集。有好多次，我去纽约参加重大的文化活动，你知道的，那些活动有几百人来参加，而我往往是会场里唯一的黑人。这就有问题了。

马林：关于你自己，你能做的最诚实的表述是什么？

威姆斯：我很害怕。我以自己最深的恐惧为源头，做出了作品。

1　　劳拉·穆尔维（Laura Mulvey，1941—　），英国女性主义电影理论家、导演、制片人。她提出了电影镜头代表的是男性凝视的观点，影响极大。

2　　奥奎·恩威佐（Okwui Enwezor，1963—2019），尼日利亚策展人、艺术评论家、作家、诗人、艺术史教育学家。2014 年被《艺术评论》（*Art Review*）评为"艺术界最有影响力的一百人"之一。

NE

D

IA

DIANE VON FÜRSTENBERG
黛安·冯·弗斯滕伯格

NEW YORK, 2017

黛安·冯·弗斯滕伯格是一位时装设计师、慈善家，她以自己的名字创建了企业。1974 年，她独创了革命性的裹身裙，这款裙装迅速成为全世界女性拥有独立自主权的象征物。如今，DVF 已是全球时尚界的知名奢侈品牌，与数代女性都保持了强有力的联结。

　　那是个阳光明媚的纽约夏日，我也不太记得发生了什么，只记得我和黛安一起绕着曼哈顿骑行了。她建议我们上车继续对谈，一分钟后，我们就坐进了停在米特帕金区她公司总部门外的宾利。与她共处的那段时间里，我眼见她和团队里的不同成员用四种语言沟通，为她当晚要参加的活动写发言稿，并且在我们一起走出去时与所有走到她跟前的人握手。当她谈起时尚行业以及她在 54 号工作室的那些夜晚时，我被这个无所畏惧的女人深深吸引了。黛安的本职是时装设计师，同时也是社会活动家、活跃的女性主义者，无须赘言，她还是一位当今偶像。

My ideas always come from life. I celebrate life. I love life

我的想法始终来自生活。
我庆祝生活。我热爱生活

乌戈·韦尔塔·马林： 在时尚界，如何定义"美"是很关键的。你的美学观是什么？

黛安·冯·弗斯滕伯格： 说到美，我首先想到的是大自然。石头，大海，色彩，纹理，我对这些自然造物的热爱从未停止过。大自然是最不可思议的艺术家。

马林： 很有趣。对我而言，我时常受到来自拉丁美洲文化的影响。你有没有从前哥伦布时代的文化中得到灵感？

弗斯滕伯格： 有，当然有。尽情吸收。但灵感主要来自大自然——来自树皮。树皮是最美丽的东西！

马林：你的设计好比与女性的对话。你的作品是对女性气质的颂扬吗？

弗斯滕伯格：还有自由。

马林：帕蒂·史密斯曾说过，她的大部分诗都是写给女性的，因为女性最能激发灵感。她曾问："艺术家们大都是什么人？男人。他们从什么人那里获得灵感？女人。"

弗斯滕伯格：在我们进入人工智能社会——这是指日可待的事——之前，女性一直是子宫，是母亲。一切都源于女性，直到现在……所以，是的，我确实认为女性一直被当作灵感的源泉。

马林：你认为男性和女性在服装设计方面有什么区别？

弗斯滕伯格：克里斯蒂安·拉克鲁瓦[1]对我说过这么一句话："男人设计华服，女人设计衣服。"就拿针织衫来说吧。通常情况下，男性不会去设计针织品，因为针织看上去不如绸缎那样华丽。女性喜欢针织，因为她们知道穿上针织衫是什么感觉。女性更讲求实用。但你也不能一概而论——

那就是性别歧视。

马林： 从另一方面看，可以想想约翰·加利亚诺[2] 或蒂埃里·穆勒[3] 在 20 世纪 90 年代的那些设计……

弗斯滕伯格： 没错。

马林： 在你开创性地设计出裹身裙的时候，你对纽约有怎样的感情？

弗斯滕伯格： 我是 1970 年来纽约的。那时的我是个年轻的公主，因为我嫁了一位王子……你读过我的书吗？

马林： 读过。

弗斯滕伯格： 我那时怀孕了，行李箱里有些小裙子。我到了纽约，但纽约与我期望的太不一样了，我本来认为这儿会很时髦，但并不是。相反，纽约很危险，很便宜……就因为生活费用不高，城里有很多艺术家。纽约是艺术中心。罗伯特·劳森伯格[4]，安迪·沃霍尔，这个那个……大家都在纽约，因为便宜——甚至在切尔西也不贵。有件事很令人震惊：那时的纽约有性自由，那是在艾滋病大流行之前。我想说的是，在这个世界最好的时候，我还很年轻。

马林： 你会说你的创意也来自这样的地方吗？

弗斯滕伯格： 我的想法始终来自生活。我庆祝生活。我热爱生活。

马林： 现在，纽约在你心中又是怎样的呢？

弗斯滕伯格： 我觉得纽约就像威尼斯，艺术和商业在此交汇。

马林： 设计师通常会在哪个时间点决定下一波时尚的基调？

弗斯滕伯格： 你知道，我成为设计师只是出于偶然，主要是因为我想独立。我和一个印厂老板合作，学会了所有工艺。但促使我想做设计的就是女性。我的设计至今仍是围绕女性的。

马林：你不追随潮流……

弗斯滕伯格：对我来说，时尚是交响乐。我在 1972 年设计了一条裙子，直到今天你都看得到。所以，假如我们要谈潮流……你怎么能决定下一波流行是什么呢？很明显，设计师从大街小巷、人群、行为中汲取灵感，然后，突然间一样东西就流行起来了——就是始于一瞬间的。为什么潮流和服饰突然看起来那么像流浪汉或难民穿的衣服？

马林：你的作品曾在大都会艺术博物馆、服装学院、史密森尼学会展出，这会不会让你的设计拥有了另一种意义？

弗斯滕伯格：第一次，大都会艺术博物馆做了一场关于时尚的展览，题为《单品：时尚是现代的吗？》(Items: Is Fashion Modern?)，展出了爱马仕、李维斯等品牌的标志性单品，当然，也展示了我的第一条裙子——裹身裙。那是四十五年前制作的豹纹裹身裙。那对我而言真的很美好，因为这意味着那条裙子超越了时间。

马林：你也被公认为时尚界的偶像人物。这会不会在某些方面影响到你的品牌？

弗斯滕伯格： 你知道，刚开始的时候，我从来都没想过会有一个品牌。突然间，我取得了巨大的成功。我那时那么年轻，自己的名字就成了品牌。你的形象变得比自身更庞大了，你鼓舞了别人。开始激励别人的那一刻感觉特别棒，因为重点不再关乎自我或者头衔，而是"如果你能做到，我相信我也能"。这就成了我人生的使命。

马林： 去与人产生共鸣？

弗斯滕伯格： 去激发自由。去赞美自由。

马林： 你对面料、颜色、印花和廓形都有很独到的理解。你是什么时候开始对面料、印花感兴趣的？

弗斯滕伯格： 从我和意大利科摩一家印厂的老板合作时开始的，科摩是闻名遐迩的"丝绸城"。那之后，我又学了如何设计图案、如何重复图案……刚开始的时候，我什么都不懂，但后来越来越沉迷其中。现在，印花已成为我的商标，成了我最擅长的事。

I became a designer a
by accident, mostly be
I wanted to be indeper
[...] But what made me
to design was women.
is still all about the wo

ost
use
ent
vant

n

我成为设计师只是出于偶然，主要是因为我想独立……但促使我想做设计的就是女性。我的设计至今仍是围绕女性的

马林：你认为当今时尚更多是靠商业化，而非有趣的知性设计推动的吗？

弗斯滕伯格：时尚不是艺术。时尚是设计，和艺术不同，时尚具有实用性，这一点很重要。时尚的实用功能是什么？显而易见，是用来盖住身体，同时也让女性看起来更漂亮。

马林：说到这个，你认为性在时尚中承担了什么角色？

弗斯滕伯格：我认为是非常重要的角色。每次到了试穿环节，看到那些年轻设计师做的设计时，我总会问一句："谁穿上它会有艳遇？"对我来说，那句话有筛选的作用。

马林：我们看到不少年轻设计师在给知名的经典品牌做更大胆的设计。你如何评价设计师把令人震惊当作一种设计策略？

弗斯滕伯格：震惊？我认为，把什么东西当作策略，听上去就很糟。设计必须真实。故意吸引眼球的策略让人厌恶。

Art is all about emotion. It is something like nature, you just stand in awe

艺术是关于感觉的，就像大自然，你只能敬畏地站在它面前

马林：关于另一个艺术领域——我看到有报道说你开了一家小型出版社，还在巴黎办了文学沙龙。文学在你的生活中起到了什么作用？

弗斯滕伯格：意义非凡。我爱书胜过其他任何事。我从未想过自己会做时尚；以前，我一直以为自己会从事文学。我很小的时候问过我的老师："喜欢书的话，可以做什么工作？"她说："你可以去当图书管理员。"但我们学校的图书管理员口臭很恐怖，事情就到此为止了（笑）。

马林：（笑）你也一直与艺术界保持紧密的关联——不管是你与艺术家们的交往，还是安迪·沃霍尔、泰瑞·理查森[5]和查克·克洛斯[6]给你拍的那些照片……

弗斯滕伯格： 我只是热爱艺术罢了，非常单纯。只要艺术品打动了我，我就会心动。你懂的，艺术是关于感觉的，就像大自然，你只能敬畏地站在它面前。

马林： 你觉得痛苦对艺术家来说重要吗？

弗斯滕伯格： 我认为艺术——优秀的艺术——往往来自痛苦。比方说，埃贡·席勒[7]，二十八岁就死了。他很悲情，作品都是关于痛苦的，但能引发共鸣——在一百年后的今天依然如此。他的痛苦，可以说，有了意图。

马林： 还有弗朗西斯·培根、弗里达·卡罗……

弗斯滕伯格： 是。另一种情况也有，毕加索并不总是在痛苦中作画，马蒂斯的创作也不源于痛苦。但谁想读关于幸福的书呢？太无聊了。

马林： 你认为女性艺术家更倾向于内省吗？

弗斯滕伯格： 这样谈论艺术和女性非常不公平，因为在很长时间里，艺术界都不允许女性加入，建筑界、文学界、科学界……都一样。女性是生活的艺术家，这也是为什么我喜欢玛丽娜·阿布拉莫维奇的作品，她的艺术就是关于……啊！关于生活！她的创作是关于勇气、关于创新的。

马林： 说到艺术模仿生活，我最近在墨西哥城参观了一个沃霍尔回顾展。那个以帝国大厦为主角的视频让我看得入迷，停不下来。你认为是他奠定了现在我们所看到的对偶像和品牌的痴迷吗？

弗斯滕伯格： 我不认为这是他开启的；我只觉得他很有远见。我还真的制作了一部关于他的纪录片呢。事实上，他对偶像的痴迷是有渊源的：他在俄罗斯东正教环境中长大，从小就是个坚定的信徒。他跟母亲一起去教堂，假如你经常去东正教教堂，很快就会意识到那是彻底的偶像崇拜。所以，他从童年开始就有了这个概念。后来，他来纽约，一开始是当插画师，就这样迷上了可口可乐、金宝汤罐头、杰奎琳·肯尼迪和"猫王"，用前所未有的方式开始了他的艺术创作。起初，人们不把他当回事。他没有剧本就拍了电影，实际上那就是电视真人秀的开始，他还用宝丽来拍照，时时刻刻都在记录。我的意思是，他比任何人都更早地实现了社交媒体。要是活到现在，他肯定乐疯了……

马林： 你和他关系如何？

弗斯滕伯格： 我是他的朋友。他画过我，两次：一次是在 20 世纪 70 年代，另一次是 80 年代。他还让我两次登上了《采访》(Interview) 的封面。外人一直猜测我们之间是不是纯友谊，但事实上，安迪·沃霍尔有偷窥癖——他不太善于口头表达，总是用他的小录音机和照相机录啊录。他会像吸血鬼一样把你吸光……

马林： 我很好奇，你品牌标志上嘴唇的图案是不是源自《采访》的封面照？

弗斯滕伯格： 你知道，我们刚刚改了标志；不再有嘴唇的图案了。但没关系，以后还会看到的。我们本来也没打算用嘴唇图案做商标。只是因为那时我雇了一个年轻的英国设计师，他用好多嘴唇的图案做了一件 T 恤。是的，图案本身确实源自《采访》杂志的封面照。我们只用了照片上嘴唇的部分，但它们一直伴随着我们整整十五、二十年。后来，就是去年，我们彻底改掉了标志。刚改的时候，我心想："哦，天啊，这太可怕了！"但回头再看，我又会说："感谢上帝！"你必须往前走。

马林：越来越多的艺术家成了名人，你对此有何看法？

弗斯滕伯格：要我说，在当下，这是个大问题。我觉得那很无聊。

马林：想独处的话，你会去哪里？

弗斯滕伯格：我很爱独处……无与伦比。只有独处，我才能找到自己的核心，不至于迷失。

马林：你担心自己被过度曝光吗？

弗斯滕伯格：你猜呢？我不担心。

马林：关于你自己，你能做的最诚实的表述是什么？

弗斯滕伯格：我践行真理。

1 克里斯蒂安·拉克鲁瓦（Christian Lacroix，1951— ），
   法国著名时装设计师，1986 年获得法国设计师最高
   荣誉"金顶针"奖。

2 约翰·加利亚诺（John Galliano，1960— ），曾任
   纪梵希、迪奥、梅森·马丁·马吉拉等高级时装品
   牌的首席设计师、创意总监。

3 蒂埃里·穆勒（Thierry Mugler，1948—2022），法
   国著名时装设计师，风格夸张前卫，在 20 世纪 80
   年代和 90 年代以设计利落的宽垫肩廓形而闻名，兼
   具紧贴曲线的性感设计与超现实风格，定义了时尚
   圈的"权力着装"，被评为当时最具影响力的设计师
   之一。曾为迈克尔·杰克逊、麦当娜、大卫·鲍伊、
   黛米·摩尔、碧昂丝等明星设计造型。

4 罗伯特·劳森伯格（Robert Rauschenberg，1925—
   2008），美国新达达主义画家、雕塑家，1949 年进
   入"艺术学生联盟"（Art Students League），在全球
   的剧场中设计舞台与服装。他将抽象表现主义风格
   带入摄影、设计与绘画中，发展出了独特的艺术风
   格——融合绘画（Combine Painting），是"二战"
   后波普艺术家的代表人物。

5 泰瑞·理查森（Terry Richardson，1965— ），美
   国时装、肖像、纪录片摄影师，以拍摄许多充斥性
   暗示的照片闻名。

6   查克·克洛斯（Chuck Close，1940—　），美国画家、
     艺术家、摄影家，以写实主义肖像照闻名，后来患
     上了面容失认症，无法辨识别人的面容，作品随之
     变成矩形网格组成的肖像。

7   埃贡·席勒（Egon Schiele，1890—1918），奥地利
     画家，20 世纪初期重要的表现主义画家，作品特色
     是表现力强烈，描绘扭曲的人物和肢体。

YO
KO

YOKO ONO
小野洋子

NEW YORK, 2016

作为艺术家，小野洋子用她发人深省的作品挑战人们对艺术和周遭世界的理解。1933 年，洋子出生于东京，先在日本学习哲学，后于 1953 年移居纽约。20 世纪 50 年代末，她已跻身纽约前卫艺术圈，1960 年，她开放了钱伯斯街（Chambers Street）阁楼，在那里举办了一系列激进的展演，并展出了一些她早期概念性作品的演变。从那之后，洋子举办了无数音乐会，拍了好几部电影，发行了十几张专辑，并在全世界许多博物馆和画廊展出她的作品。

纽约，1月，一个寒冷的日子，上午 10 点 45 分，我在洋子的工作室等她来，工作室的墙上挂满了《葡萄柚》（*Grapefruit*）中那些令人过目难忘的画。我惊讶地听说这位八十六岁的资深酷女郎竟然是亲自开车来的。她进门时戴着墨镜和标志性的礼帽，在我们的谈话过程中，她一直戴着帽子。越过她的墨镜上缘，我能看到她的双眼：时至今日，她仍是具有颠覆性影响力的艺术家，一位历史偶像人物，但我更试着把她看作一位艺术家同行。要把她的生活和她的艺术彻底分开是不可能的，而或许正是因为这两者的相融，她的作品和她的生活才都如此非凡。

As an artist, when you think about an idea, you don't usually think about the risks that it can represent

身为艺术家，
当你有了某个创意的时候，
通常不会去考虑它隐含的风险

乌戈·韦尔塔·马林：洋子，现在我要开始提问了。

小野洋子：好，来吧。因为你知道——我不抽烟，也不喝酒（笑）。

马林：（笑）你的头脑很清醒！那么，让我们从你的历史性杰作《切片》（*Cut Piece*）开始，它是怎么来的？

小野：嗯，有一天我想："为什么不这样做呢？"然后就去做了。第一次表演是在京都的山一音乐厅（Yamaichi

Concert Hall）。身为艺术家，当你有了某个创意的时候，通常不会去考虑它隐含的风险。那是有点吓人的，有个男人走近舞台，样子就像是要用剪刀来刺我。观众开始尖叫，我记得我问自己"他在干什么？"，但我一点都不害怕。我需要集中精神，进入自己的内心冥想。所以，非常奇怪，但在那个时间点，我没有意识到那是个可怕的场景。京都演出完后，我又在东京、纽约和伦敦做过三场《切片》，后来过了很多年，又在巴黎做了一次。我猜想，有些人可能觉得挺烦的，毕竟我做了一场又一场。

马林：当时你对纽约的感觉如何？

小野：我为艺术家和音乐家们创造了一个表达自我的地方——一个可以举行音乐会、做表演的空间——我们在纽约办了第一场"阁楼"音乐会。当时我想："为什么不在阁楼上办一个呢？"因为那时候纽约只有三个地方允许艺术家展示他们的音乐作品：一个是卡内基音乐厅；一个是卡内基演奏厅，那个场地非常小；还有一个是市政厅。没别的地方了，就这三个！而且，你必须非常有名才能进入那三个地方表演。我的那么多朋友都是了不起的艺术家，但没有一个展示作品的空间，所以我开始想："为什么我们没有一个地方办自己的音乐会，非要等卡内基音乐厅说可以才办呢？"

马林： 先锋派。

小野： 没错——在那个时代，这么做完全就是不走寻常路。没有人在公寓顶楼办音乐会，许多朋友都给我提意见："洋子，别在阁楼做，没有人会来的。你必须在市中心做音乐会。"好吧，要是我有机会在市中心做，我当然愿意，但我找不到赞助。

也差不多就在那时候，艺术家们开始把各种阁楼用作工作室，我记得的就有两三个艺术家这么做了。于是我开始找地方，但没找到，新妻实[1]——他是当时很有名的雕塑家——听说我在找房子，就想带我去看几个地方。有个星期天，我们去了市中心，在钱伯斯街的一栋老楼里，他带我看了那个阁楼，我记得一楼有家滑雪用品商店，但我还是觉得非常理想。我们一上楼，房东就告诉我们桂雪子[2]——一位非常有名的日本艺术家——已有意要租，假如她不租了，就可以给我。

那天晚上，我回到家后一直在心里念叨："哎呀，但愿我能租到这个房子！"因为租金只有五十美元五十美分。这个价钱算非常便宜了，但你知道，要凑齐这笔钱也很不容易。我心里想，好，我准备好付这笔房租了。第二天，我攥着钞票跑回那栋楼。房东对我说，桂雪子没租，所以是我租到了。我设法搞到了一架旧钢琴，理查德·麦克斯菲尔德[3]给我打电话，说拉蒙特·扬[4]想和我合租。我和拉蒙特就这样开始了合作，那段时光真的非常激动人心。好，现在让我们说回第一场音乐会，我相当惊讶，因为那天下了很大的雪，我以为没人会来。但他们都冒着大雪来了：约翰·凯奇、佩吉·古根海姆[5]、马塞尔·杜尚、大卫·都铎[6]、马克斯·恩斯特[7]。他们都穿着厚大衣，包得严严实实地来了——真是太棒了。

马林： 你现在对纽约有什么样的感情？

小野： 嗯，老样子，只不过，我没必要再找一间阁楼做活动了（笑）。

马林：（笑）那时候，你和日本那边的关系怎么样？

小野： 我第一次表演《切片》是在京都。我有很长一段时间没去日本，除非有不得不去的理由，比如音乐会什么的，那时候我大概每五年去一次。不过现在我每年都会回去。我一直保持着和日本的关系，但不像我和纽约的联系那么紧密。纽约对我和我的事业来说非常重要，因为这是我开始创造的地方。我创造了一个实实在在的空间，我为此非常兴奋。

马林： 你会认为你的很多想法依然来自类似的地方吗？

小野： 现在的灵感不一样了。我的意思是，基思·哈林[8] 在纽约地铁里创作了数百幅画。我以前就在自己的阁楼做艺术。我们都必须找到一种创作艺术的方式——对艺术家来说，这向来都不容易。现在，我只是极其幸运，有人会邀请我去表演音乐或做演出，然后我就去。

马林： 你想要用你的艺术增强人们的意识吗？

小野： 最早——从我人生的最早期开始——我就一直把自己发现的好玩事情告诉我所有的朋友。我觉得我必须让全世界知道正在发生什么事。我始终和这个世界相连。我不知道为什么，以前也没办法做到，但我一直会说"必须做这件事"或"人们必须知道这件事"之类的话，你明白我的意思吗？

马林：你始终有想要沟通、传递的激情。

小野：一直都有。

马林：你很大一部分作品关注了女性所遭受的压迫。你认为自己是女性主义者吗？

小野：嗯，现在，这是个很难定义的概念。当然，我一直觉我是女性主义者，但现在对于这个名称有些可恶的误解。人们为之疯狂。

不过，毋庸置疑的是：我是女人。

Philosophy is important for everybody. It is how you choose to see the world

哲学对每一个人都很重要。你选择如何看待世界，这就是哲学

马林：在你的作品中，光是一个反复出现的主题。乌托邦的概念是否隐含在你所有的作品中？

小野：你是在说乌托邦，还是在说"新乌托邦"[9]？

马林：乌托邦。

小野：我想没有。我认为光和我们是同一个物种。

马林：那么，你会说哲学对你影响深重吗？

小野：我认为哲学对每一个人都很重要。你选择如何看待世界，这就是哲学。

马林：你选择的艺术语言和材料——比如青铜、大理石、水、空气等——之间似乎有很强烈的关联。你怎样决定使用哪种材料？

小野：这完全取决于作品，真的。我在构思作品时会立刻想到材料。关于两者的念头是同时冒出来的。

马林：另外，语言在你的创作中也始终都很重要。你为什么会决定把指令性的文字和自己的一些画作结合起来呢，就像《葡萄柚》里那些？

小野：最早，我是作为诗人起步的。不过，那时我还是个非常年轻的女人——我是说，虽然这听起来有点疯，但我认为自己现在还是个年轻的女人（笑）……我还是个婴儿的时候，就总想做点什么事。每当我想做事的时候，就会先想用什么材料；不只是艺术作品，做音乐、电影以及任何事都是这样。我总在思考自己需要用什么来创作。

You know what?
Every person has their
own opinion about
me and my work,
and those are their ide
not mine. Once I've
communicated my art
I've done my part

你知道吗？对我和我的作品，每个人都有自己的看法，那都是他们的想法，不是我的。我只要把自己的艺术传播出去，我的任务就完成了

马林： 一种方法。

小野： 是的。我在学校学到的最重要的事情之一就是去倾听自身所在的环境中的声音。我们的课后作业之一就是要去听，听一整天声音，并将其"翻译"成音符。这让我养成了一种习惯：不断地把我周围的声音转化为音符。

马林： 说到融入你作品中的那些指令，你是否同意马塞尔·杜尚的观点——他说"另一半工作由观众来完成"？

小野： 我必须说，杜尚没有和受众达成那种沟通。杜尚在那时候的成就是不可思议的。他利用了这些司空见惯的日常材料，把它们塑造成了艺术品。但他的工作完成了，到此为止了——这就是他的立场。而我呢，我希望人们加入，与我互动。所以，我想我们是不一样的。

马林： 你会说激进主义是你艺术作品的核心精神吗？

小野： 在那个年代甚至都没有"激进主义"这样的词，但我认为我非常在意这一点。我不会说我是唯一的一个；当时有一大群人整天思考这类问题。

马林：灵性是你作品里的一个重要面向吗？

小野：对我们所有人来说，灵性都是重要的。

马林：你的美学观是什么？

小野：我认为万事万物都是美。

马林：万事万物？哪怕丑陋的事物？

小野：是的，每一样都是。

马林：你会在怎样的基础上开始一个新项目？

小野：在我看来，重复已经做过的事就是浪费时间。艺术家不能重复自己，而是要做一些崭新的事情，可以给观众带去一点不一样的东西。就比如马蒂斯、杜尚，他们都领先于他们的时代。

马林： 从这个意义上说，创作全新的作品有何利弊？

小野： 我认为一样东西它是新的，这本身就是一种优势。

马林： 越来越多的艺术家成了名人，你对此有何看法？

小野： 其实，没有多少艺术家算名人。事实上，以前的艺术家从没成为过所谓的社会名流，事情直到今天才有了转变。从某些方面看，成名是好事，因为这让他们更容易与大众沟通，而这正是艺术家所希望的。但与此同时，你也会得到一些沉重的包袱（笑）。

马林： 想独处的话，你会去哪里？

小野： 我一直是一个人。

马林： 在职业生涯的哪个节点，你觉得自己是个成功的艺术家了？

小野： 我觉得自己还不算成功。

马林：你会担心被媒体过度曝光吗？

小野：完全不会（笑）。你知道吗？对我和我的作品，每个人都有自己的看法，那都是他们的想法，不是我的。我只要把自己的艺术传播出去，我的任务就完成了，之后由他们做出判断。我就一直对自己说："去做，去做，你可以做到。"就这样，走了漫长的一路。

马林：你有没有反复做的梦？

小野：梦到这个世界成了和平之所。我对世界和平、对爱有信念。我们所有人都该彼此关爱——这将改变整个世界。但现在，世界不是这样的，我们因此在受苦。

马林：杜尚曾在一场研讨会结束前说，他认为未来的伟大艺术家"不能被看见，不该被看见，应该转入地下"。你同意吗？

小野：我认为我们不需要刻意地转入地下。你只要忠于自己，不管是在地下还是在地上都一样；做自己就好了。

马林：关于你自己，你能做的最诚实的表述是什么？

小野：我是一个女人。

1　新妻实（Niizuma Minoru，1930—1998），日本抽象派雕塑家，作品材料大都是大理石、花岗岩、火山岩。1959 年移居纽约，代表作被檀香山艺术博物馆、纽约现代艺术博物馆、东京国立现代艺术博物馆、纽约古根海姆博物馆等世界各地的艺术机构展览与收藏。

2　桂雪子（Yuki Katsura，1913—1991），日本艺术家，在长达六十年的艺术生涯中，不遵循特定的艺术流派或风格，采用绘画、混合媒体拼贴和漫画等形式进行创作，以民俗寓言、宗教图腾、现实主义和抽象主义实验回应 20 世纪中期日本各类社会政治事件。

3　理查德·麦克斯菲尔德（Richard Maxfield，1927—1969），美国器乐、电声和电子音乐作曲家，与小野洋子相识于约翰·凯奇的课程。

4　拉蒙特·扬（La Monte Young，1935— ），美国作曲家、音乐人、艺术家，美国极简主义音乐以及"二战"前后前卫音乐的代表人物，作品风格激进，尝试了很多实验表演方式。

5　佩吉·古根海姆（Peggy Guggenheim，1898—1979），美国艺术收藏家。古根海姆基金会创始人所罗门·古根海姆的侄女，同时也是著名画家马克斯·恩斯特的妻子。

6　大卫·都铎（David Tudor，1926—1996），美国著名钢琴家、作曲家，实验音乐代表人物。

7   马克斯·恩斯特（Max Ernst，1891—1976），德国画家、雕塑家、平面设计师、诗人，达达运动和超现实主义运动的领军人物。

8   基思·哈林（Keith Haring，1958—1990），美国波普艺术家，以卡通化、色彩鲜艳的涂鸦作品而闻名。

9   "新乌托邦"（Nutopia），由约翰·列侬和洋子在1973 年愚人节提出的概念性国家。在列侬《想象》（"Imagine"）一曲的歌词中，提到了新乌托邦国的准则：没有土地，没有国界，没有护照，只有人民；没有法律，只有宇宙的规则。

TR

A

TRACEY EMIN
特蕾西·艾敏

NEW YORK, 2015

C

EY

英国艺术家特蕾西·艾敏出生于 1963 年。她广泛运用绘画、素描、电影、摄影、手缝拼布、雕塑和霓虹灯文字等各种媒介进行艺术创作。她的艺术主要是表现主义的，象征了记忆和情感——既坦率又诗意，既私密又共通。她运用自身体验——常常就是她的身体——作为艺术品的原始素材，探索如何自我描绘和自我袒露。她的故事既不悲惨也不感伤，并时常与观众产生深刻的共鸣，它们私密而不带窥探欲，展现了一种独特的自白式艺术。

我和特蕾西约在纽约的立木画廊（Lehmann Maupin gallery）见面。那个展厅里到处可见她的霓虹灯装置，似乎是我们见面的最佳地点。她本人给我的感觉俨然一位亚马孙女战士，充满能量，而那种能量里还融汇了大量的柔情和魅力。她拥有惊人的勇气和胆量，同时保有其脆弱和开放性。也许正是这一点使她有能力创造出如此具有威胁性又有趣的作品。在内心深处，她对于失败或成功都毫无畏惧，她的艺术是一种袒露：在坦率，甚至时常带有丑闻性质的作品中，她展现出希望、挫折和胜利。

乌戈·韦尔塔·马林： 能否把你的绣字作品或霓虹灯装置视为你在对观众说话？特蕾西·艾敏终止于何处，又从哪里开始让位给这个无处不在、无形无状的声音？

特蕾西·艾敏： 会有不同的词跳进我的脑海。有时是个完整的句子，或是某种观点，但更多时候是一段对话或交谈。通常，这取决于作品是什么，以及我为什么要做这个作品。霓虹灯有典型的开放式结尾，留给观众自己去琢磨、去解释。拼贴毯就不一样了，信息量更大，上面绣有简短的段落，更像是在讲故事。然后，还有我写作的那部分，当然，那是充分、完整的写作，完全属于另一个艺术类别了。

马林： 哲学家罗兰·巴特有篇论文叫《作者之死》，他认为写作和作者无关。你认为这个理论适用于阐释你的艺术创作吗？

艾敏： 我在我作品中的在场程度是难以置信的，我没有选择。我的作品就是关于我的：关于我如何思考，我如何呼吸，我如何移动，我目睹了什么，我关注了什么。对我来说，试图把自己从作品中抽离出来是非常困难的。实际上那几乎不可能。

马林：这么说的话，你有一半土耳其血统，这对你的创作是否有某种程度的影响？

艾敏：先不谈有没有土耳其血统，我认为真正对我有影响的是，我不是盎格鲁-撒克逊人。我妈妈的祖父是吉卜赛人，所以我妈妈这边是典型的吉卜赛家族；我爸爸这边有来自非洲苏丹的土耳其血统。所以我不觉得这是什么血统的事，我只知道我不是传统意义上的盎格鲁-撒克逊人，也绝对不是盎格鲁-撒克逊白人。

马林：你的作品既脆弱又自信，你认为用什么词语描述最准确？

艾敏：要我自己描述都不会像你说的这么准确。脆弱和自信。

马林：你的作品探讨的是性还是爱？

艾敏：我的作品是关于爱的。一直都是关于爱的。我的作品从来都不围绕性展开。

马林：你如何看待色情产品？

艾敏：我这辈子只看过两部色情电影：第一部拍了动物，另一部是在夜店里误打误撞看到的，因为店家把电影直接投影到天花板上了。还看过一本色情杂志，这辈子就一本。我对色情书影不感兴趣。我确实喜欢情色的、性感的东西，但不能是那一套陈词滥调。我收集爱德华时代的老情色照，但不是为了沉迷情色，而是把它们当作灵感。我觉得它们非常美。色情作品从没让我觉得享受。

马林：谈及需求和欲望时，你一向很坦诚，而别人可能无法接受你的想法。对于这一风险，你有什么想法？

艾敏：这种状况会让我忧虑，因为我时常感觉自己被排除在外，我的想法别人难以接受。我想很多艺术家都有这种感觉。

马林：那么，你的创作对你的个人生活造成过什么不太好的影响吗？

艾敏：就是由于这个原因，我的个人生活非常贫乏。这是我为了持续创作而必须做出的牺牲。

马林：你相信艺术，还是相信艺术家？

艾敏：我相信艺术。艺术就像一种独立的实体——就像上帝，就像爱。艺术作为一样"东西"存在，飘浮在空气里，而艺术家们像某种媒介，能够捕捉到它。我们把那种感觉传递出去。

马林：你的作品中蕴含灵性或宗教性——你会同意这种说法吗？

艾敏：如果没有灵性或宗教，我的作品根本不会存在。我办过一个展，叫《我需要艺术，就像我需要上帝》（*I Need Art Like I Need God*）。我觉得这个标题能说明一切。

马林：你认为艺术是一种新的宗教形式吗？博物馆和画廊就像是我们时代的新教堂？

艾敏：是的，我非常赞同。

My work is about me: how I think, how I breathe, how I move, what I witness, what I pay attention to

s how
w
hat

我的作品就是关于我的：
关于我如何思考，我如何呼吸，我如何
移动，我目睹了什么，我关注了什么

马林：既然如此，在时代广场之类的地方展出你的作品，和在博物馆、画廊展出有什么不同？

艾敏：时代广场太棒了，是一辈子只能经历一次的体验。我永远不会忘记那个场面——看到我所有的霓虹灯文字在时代广场被点亮。我在很多画廊和博物馆办过很棒的展览，但这种场面——那么多黄色出租车来回穿梭，它就在那里，在现实世界中活生生地进行着——太令人兴奋、太与众不同了。博物馆或画廊没法与之相提并论。

马林：你怎么看待把艺术品做成"奇观"的做法？

艾敏：会让我觉得无聊。无聊至死。

I have never created anything to shock anybody

我从来没为了让人震惊 而创作过任何作品

马林：能谈谈你在 20 世纪 90 年代成为"英国青年艺术家"[1] 成员的经历吗？

艾敏：我无法相信我们在 20 世纪 90 年代能有所成就，但不知道怎么真的做到了。每天晚上，我们都在外面混到凌晨 5 点，但第二天上午 10 点就会起床，所以我们的每一天都够漫长。那时候很好玩，各种各样的玩法，我因此交到了一些很好的朋友，但那是很久以前的事了，二十年前。现在的生活和那时完全不一样了。

马林：伦敦仍然处于艺术世界的前沿吗？

艾敏：伦敦曾经在前沿，有过一段耀眼的时光，但真正的前沿在纽约。纽约将一直是现代主义的先锋，因为就是纽约开创了现代主义。这个城市强大得令人难以置信。伦敦的伟大之处在于它年轻、有活力。纽约或许已经有了一些宏大和疲惫的感觉。伦敦和纽约是截然不同的两个地方。也有些人会说当下处于前沿的是亚洲。所以，这取决于你的立场，以及你住在哪里。

马林：你如何看待故意制造震惊效果的创作策略？

艾敏： 我觉得那是一种非常愚蠢、极不成熟的策略。我从来没为了让人震惊而创作过任何作品。有些人是被惊到了，但那从来不是我的目的。那不是我的艺术观。

马林： 你如何描述自己与媒体的关系？

艾敏： 我认为我和媒体的关系已经够好了。有时，我会觉得自己的隐私被侵犯了——比如我走在大街上，看起来邋里邋遢的时候，突然有人举起相机对着我的脸拍——但这种事在所难免。还会有一群女学生尖叫着来要我的签名。那种感觉还不错。实际上，这两种状况往往会同时发生。

马林： 你会与时尚杂志或什么大品牌合作吗？

艾敏： 合作过。我和玛莎百货，还有你能想到的几乎所有时尚杂志都合作过。我曾为 *GQ* 杂志撰稿，现在是风水版的编辑。我给《独立报》写过四年专栏文章，做过薇薇安·韦斯特伍德的模特，我和很多时装设计师都是好朋友。我现在对时尚界没有那么感兴趣了，但我想，时尚对其他人来说还是非常有趣的。我现在对时尚没太多兴趣只是因为我年纪大了，也穿不了 6 码的小号衣服了。已经不是 20 世纪 90 年代了。

马林：你认为现在有滥用女性主义话语的情况吗？

艾敏：不，我不这么认为。在我看来，女性主义的讨论还不够多。

马林：你最害怕什么？

艾敏：我最害怕的事情永远都不会发生，但要说的话，那就是——埋葬我的孩子。

马林：越来越多的艺术家成了名人，你对此有何看法？

艾敏：并没有那么多艺术家成为大名人。就算杰夫·昆斯[2]现在走在利物浦街上，也没人会知道那就是杰夫·昆斯。安迪·沃霍尔、萨尔瓦多·达利、毕加索——确实有那么几个家喻户晓的著名艺术家，但总的来说，当今艺术界最厉害的一些名流其实是画廊老板。

马林：研究你的作品时，我总会看到一个名字：威廉·布莱克[3]……为什么他对你有那么重要的寓意？

艾敏：我认为布莱克是有象征性的、浪漫的、激情的、有能量的、有前瞻性的，并且超越了时间。

马林：想独处的话，你会去哪里？

艾敏：有好几个地方。周末我去我的工作室工作，周中我会去我的游泳池游泳。但我最重要的避世之所是我在法国的房子，在一个自然保护区的中心区域，离海很近。我在那儿有个小工作室。我不会说法语，也没有邻居。那个地方相当僻静。

马林：在职业生涯的哪个节点，你觉得自己是个成功的艺术家了？

艾敏：1997年，我去南伦敦画廊参加自己个展的开幕式，但我进不去。队伍都排到大街上了，我还以为自己去得太早了，或者有别的什么状况，但其实只是因为人太多了。我的展，我自己都进不去。真是太棒了。那个时刻让我下定了决心，我想："这事儿能成，我可以做下去。"

马林：你担心自己被过度曝光吗？

艾敏：说实话，我担心。我总会留意那些有新片上映的演员，到处都能看到他们。一开始，我真的对他们很好奇，但到了第六天，我就受够了。所谓媒体曝光就是这样狂轰滥炸。我本人是没有公关公司的，没有宣传人员，也不想进行宣传。一切都是自然而然发生的；作品也是自然而然出现的。就算我离开媒体的视线——比方说，我在法国待了两个月——报纸也总会报道我的事情。这是一种曝光。还有一种曝光是在作品得到太多关注之后发生的——因为你成功了，就会有人开始骂你，想给你挑刺。会有这样的问题。不过，也没那么糟糕啦。我可以忍受。

马林：最能带给你灵感的是什么？

艾敏：自然的纯粹——不管是瀑布、湖泊、山峰、人、花，还是动物。这应该是个诚实的答案，也蕴含了各种体验：那就是真实。

马林：你有没有反复做的梦？

艾敏：我确实有一直梦见的东西。但有天晚上我做了一个特别可怕的噩梦，梦见有个女人站在我床边，想偷我的项链。我想把她打跑，她想掐死我。我从梦中醒来时，觉得脖子很疼，是肉体上的疼痛。真的太吓人了。把我吓坏了。我不希望这样的梦反复发生。

马林：马塞尔·杜尚曾在一场研讨会结束前说，他认为未来的伟大艺术家"不能被看见，不该被看见，应该转入地下"。你同意吗？

艾敏：像他自己那样吗？！他这么说，或许是因为他有那么高的知名度，他知道那可能带来多大的危害。我想很多艺术家如果能保持沉默、不抛头露面，大家应该会更认真地对待他们。每个人似乎都认为他们比——比方说，像我这样的人——认真严肃得多。但生命是为了生活。你只能活一次，我绝对不会为了让别人认真对待我而在自家阁楼上挨饿。我要做自己想做的事，尽可能地享受生命。

马林：你对卡塞尔文献展、威尼斯双年展这样的大型国际艺术展有什么看法？

艾敏：我代表英国参加了威尼斯双年展，那是难能可贵的一次经历，很棒，但另一方面，它也能让人精神崩溃。我没有准备好。在这样的场合面前，我无论如何都不可能准备好。登上那样的国际舞台是很艰难的。你一旦迈出了这一步，就会冒出各种各样的念头，琢磨你该怎样做出与众不同的作品。就像怀了孕，接着流产了。你只有三周时间来做决定，然后用余生去遗憾——但愿这个比喻说得通。

马林： 关于你自己，你能做的最诚实的表述是什么？

艾敏： 有不错的幽默感。

1 "英国青年艺术家"（Young British Artists），活跃于英国伦敦的松散艺术家团体，成立于 1988 年。

2 杰夫·昆斯（Jeff Koons，1955— ），美国艺术家，其作品常常描绘极为日常的事物，并染以明亮的色彩。

3 威廉·布莱克（William Blake，1757—1827），英国诗人、画家、版画家，被认为是浪漫主义诗歌和视觉艺术史上的开创人物。

CA

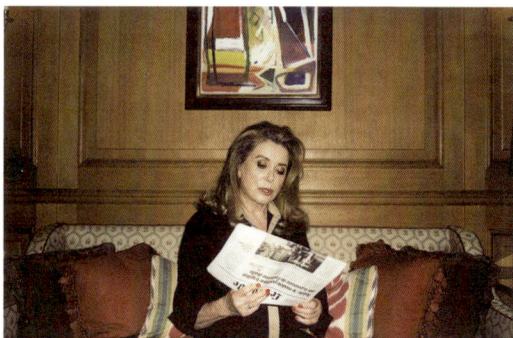

CATHERINE DENEUVE
凯瑟琳·德纳芙

PARIS, 2018

TH

ER

INE

凯瑟琳·德纳芙出生在巴黎，被公认为欧洲最伟大的演员之一。她因在路易斯·布努埃尔、弗朗索瓦·特吕弗、罗曼·波兰斯基等众多导演的作品中塑造出形形色色的复杂角色而广受赞誉。1985 年，继米蕾耶·马蒂厄[1] 之后，她成为玛丽安娜雕像的新一任真人模特，这一雕像象征了法兰西共和国的自由精神。她曾十四次荣获法国凯撒电影奖提名，凭借在特吕弗导演的《最后一班地铁》（Le Dernier Métro）和雷吉斯·瓦格尼耶[2] 导演的《印度支那》（Indochine）中的表演两度摘得桂冠，也凭《最后一班地铁》获得了意大利电影大卫奖最佳外国女演员奖。

我和凯瑟琳·德纳芙约在 9 月一个温煦的日子见面，地点是巴黎圣日耳曼修道院酒店。我坐在酒店大堂边的沙发上，发现周围的人都突然停住了——走进酒店的正是凯瑟琳·德纳芙，她穿着毛皮大衣，戴着 Jackie O[3] 风的超大复古墨镜，拎着伯金包……整个人闪闪发光。亲眼见到她，我才明白何谓星光璀璨。坦率，有趣，而且非常机敏，她不回避任何问题，给予我百分百的回答，同时烟不离手。凯瑟琳·德纳芙不需要介绍：她是法式优雅的典范。她不仅是法国电影，也是整个法国的标志性偶像。

乌戈·韦尔塔·马林：我们先从电影谈起吧。回想当年，有没有哪部电影对你产生了巨大的影响？

凯瑟琳·德纳芙：我在很年轻的时候第一次看了谢尔盖·爱森斯坦的《伊凡雷帝》[4]……那感觉就像是去外国游历了一番。

马林：回顾你的电影作品，哪一部让你久久难忘，或者是你希望世人因此记住你的？

德纳芙：可能是《瑟堡的雨伞》（*Les parapluies de Cherbourg*）和《冷血惊魂》（*Repulsion*）。

马林：《冷血惊魂》为电影界拓展出了更宽广的阐释空间。当年的评论家是如何看待这部电影的？

德纳芙：就我记得的来说，反响不错。这部电影是在英国拍的，我记得获得的评论都很正面。电影里的音乐也得到了赞赏——配乐很出色。

马林：有人认为《冷血惊魂》或《白日美人》（*Belle de*

jour) 这样的电影有悖伦理，你认为这是情节所致，还是因为它们涉及了社会禁忌？

德纳芙：我认为两个原因都有。比方说《白日美人》，是的，它在当时确实触犯了禁忌。女性的幻想，幻影……

马林：如果这些电影在今天面世，你认为会带来同样的影响吗？

德纳芙：不会。我的意思是，如果是由一个好导演拍的，大概会引起轰动……但世事已经变了，人们现在能看到的资讯和影像那么多。万事万物都被拍过了，人们对非常强烈的影像和主题都见怪不怪了。现在，你可以在电视和互联网上看到一切。所以，我认为这两部电影会有好的反响，但不会像当年那样令人震惊了。

马林：现在，对你而言，怎样才算好剧本或有趣的项目？

德纳芙：好剧本就是好剧本。这很难解释，但好故事必定能催生好剧本——这和角色、主题、场景变化、对话都有关系。说到底，我也不知道要怎样做出一个好剧本——它

要么好，要么不好，但是你读剧本的时候会一目了然，就是能看出优劣。最近，我看了一部非常好的电影，几乎是一镜到底。

马林：是哪部？

德纳芙：是一部丹麦电影，叫《罪人》（*Den skyldige*）。主角是个男人……你在整部电影中只会看到这一个男人。你会在某一刻看到另外两个人的面孔，但整部电影就是围绕一个男人和一部电话展开的。不可思议。

马林：纵观电影史，你希望参演谁执导的电影？

德纳芙：约瑟夫·L.曼凯维奇[5]。

马林：还有别的你想合作的电影导演吗？

德纳芙：当然，有很多！我甚至没法把所有的名字念给你听，因为出色的导演实在太多了，法国、美国、日本、韩国……都有。

马林：有没有哪个具体的名字是你眼下关注的？

德纳芙：眼下是有一个，因为我将和他一起拍电影……他叫是枝裕和。你知道他是谁吗？

马林：他在今年的戛纳电影节上拿到了金棕榈奖，对吗？

德纳芙：是的。我很喜欢他的电影。他正在巴黎拍一部电影，我们下个月开拍。我对此非常好奇，迫不及待。

马林：你认为演员在社会上扮演了什么角色？

德纳芙：这很难说，因为在过去，你会看到人们真心关注某个男演员、某个女演员，但我不确定现在是不是还这样。我感觉现在大家不关注演员了，而是去追某个导演或某部电影，不过，人们仍会在大街上、电影节上和我交谈，但很奇怪的是，他们和我搭话是为了表达谢意，感谢我所做的一切。当演员意味着你参与了集体创作，但当然，算不上艺术家，你不是一名画家或音乐家。不过，人们会感激你，因为你不知不觉中"incarne"大家喜闻乐见或希望成为的某种形象。用英语怎么说"incarne"？

马林：化身（Embody）？

德纳芙：是的。你扮演了一个角色，观众也真的认为你变成了那个角色，因为看电影时，人们总希望借助另一个人，被带入另一个世界。

马林：反映文化的艺术家。

德纳芙：是的，在某种程度上是。

My concept of beauty is a sort of harmony between what something looks like and what it is

我认为美是类似和谐的东西——外表和实质的和谐

马林：表演过程中的偶然事件或意外起到了什么作用？

德纳芙：这就是生活的一部分，任何事都会发生……不会每次都有，但总有意料之外的事。你必须接受，尽可能去应对，或者索性就熬过去。世事难料，但是显然，在演戏的时候总会出现偶然与未知的状况。

马林：美的定义在电影产业中非常关键……

德纳芙：现在的定义和二三十年前有天壤之别。非常不同。

马林：这种变化是怎么发生的？

德纳芙：我刚开始拍电影的时候，距离现在有一段日子了，演员的外形非常重要。现在，更重要的是风格、个性，要与众不同，要特别、独一无二。仅仅长得美是不够的。

马林：我对电影中的美颇有兴趣。看电影人怎样通过电影描绘美特别有意思，尤其是把法国电影和美国电影对照着看的时候。

德纳芙：你觉得有什么不同？

马林：在我看来，法国电影总有一种亲密感……

德纳芙：是的。

马林：相比而言，美国电影……

德纳芙：美国电影必须有冲击力。

马林：你说得太对了。我还认为，总的来说，欧洲电影更愿意冒风险。

德纳芙：是的，我也这么认为。

马林：比方说，我记得我第一次看布努埃尔的《一条安达鲁狗》里剃刀切开眼球的那个场景时都惊呆了。从这个意义上讲，你认为吸引和排斥能共存吗？

德纳芙：（笑）是，我认为可以。这两者可以同时出现，只是我们就不是在谈论美的概念了。但这确实经常发生——让你厌恶的东西也会吸引你。

马林：你的美学观是什么？

德纳芙：我认为美是类似和谐的东西——外表和实质的和谐。美是事物外表和内涵之间的一种平衡。

马林：你认为艺术是如何影响电影的？

德纳芙：我想，电影反映了社会，艺术也是社会的一部分。所以，这和你受到的影响有关——来自周遭的、被展示于众的、媒体决定登在报刊上的内容。这一影响甚至是你无意识间接受的，而你的眼睛会习惯看到这一切。要保持你自己的、真实的视角是很难的，但这就是生活的一部分。

马林：电影和许多艺术门类已成为社会状态的一个决定因素。

德纳芙：是的，我认为这已存在于我们的生活中很久了。

马林：你认为电影叙事方式也随着时间推移而改变了吗？

德纳芙：当然。就像之前说的，电影的故事总是社会的某种镜像，电影一直在追随人们的生活方式、与他人关联的方式、展示自己情感的方式。如今，人们离婚变得更容易了，女性可以自由地表达自我了，不允许你在电影中吸烟了，大家都有手机了——这已经完全改变了情节。所以，随着时间流转，很多事都发生了变化，电影紧随其后。影人们不会重复同样的故事。三十年前令人震惊的电影和今天令人震惊的电影也大不一样。

马林：但人们有时不喜欢看到，也不喜欢面对反映社会状况的或纪实性的电影。我想到拉斯·冯·提尔这样的导演拍出的那些极富争议的电影……

德纳芙：我必须说，他非常特殊。

马林：与他合作的体验如何？

德纳芙：非常奇特的体验，因为他非常……他有一种特别的幽默感，你知道吗，这有时会给他带来麻烦……我今年在戛纳遇到他了，还一起吃了午饭，他和我们一起拍片那会儿很不一样。所以，我不知道如果在今天与他共事会是什么样，我也不敢保证他是不是总跟你说他的真实想法……我相信他说的是他认为在电影的语境下有用的东西。假如你和他交谈，我不确定他会不会很坦率或很直接。我和他吃过几次饭，他说了些非常私人的事情，但，我还是忍不住去想：他是故意那么说的……

马林：这可以关联到他在许多电影中对女性的描述。

德纳芙：但他也会挑衅……就像几年前在戛纳的那次。他当天就道歉了，但已经来不及了，坦白说，太可惜了，因为当时电影节正在上映他最优秀的电影之一——《忧郁症》（*Melancholia*）。因此，我不知道他那些关于女性的说法是不是真心的……你在看他的电影时，可以看出他喜欢女人。有些看起来很喜欢女人的导演却时常很厌女。他们甚至都不自知，但就是厌女。

马林：艺术的典范是歌颂厌女的典范……

德纳芙：是的。我不确定我想不想知道毕加索对女性的真实想法（笑）。

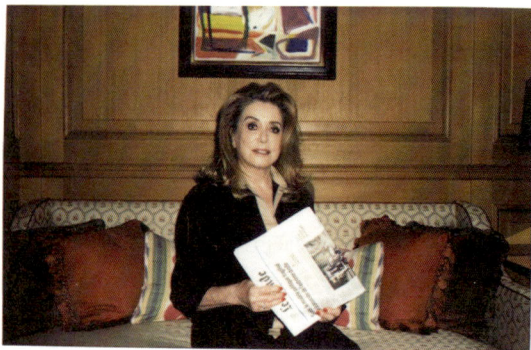

I always have my eyes open. I am more of an observer than a talker

我总是睁大眼睛去看。
我更像是观察者，而非那种侃侃而谈的人

马林：（笑）还是回到电影和相关的话题吧。我记得我很小的时候，有一部电影给我留下了极其深刻的印象，就是《千年血后》[6]。

德纳芙：哦，是的，但这是另一个话题了。我非常喜欢这部电影……

马林：这部电影有着不可思议的美学。你认为电影和时尚的关系是怎样的？

德纳芙：嗯，两者的关系很重要，但我不敢说故事的基调是由时尚决定的，因为你为一部电影设计制作服装时必然会受到什么东西的启发。当然，它取决于电影的主题，但

我认为服装、造型等不会左右电影本身的风格。你看过《天鹅绒金矿》(Velvet Goldmine)吗？

马林：华丽摇滚。

德纳芙：英国的华丽摇滚，还有各式各样的音乐、时尚、歌手和乐队。在那部电影中，可以说时尚和电影相互影响；除此之外，我不敢说电影受到了时尚的影响。同样，社会的演变也是我们日常生活的一部分，你知道的。你的眼睛紧随其后，看到了一切，利用它，或无视它。我觉得，要艺术家把自己的路走到底是相当困难的。

马林：你和时尚的关系又是怎样的？

德纳芙：哎呀，哎呀（笑）。这要看情况了……

马林：（笑）你被大家公认为时尚偶像。论及时尚摄影，21世纪最伟大的摄影师们都拍过你。但我特别想知道的是，和曼·雷[7]合作是什么样的？

德纳芙：曼·雷？那可是独一无二的体验。你知道，我们只拍了一张照片，而且他不怎么说话。我之前不认识他，之后也没有更多地了解他。那是一次有趣的体验，但非常短暂。他的工作方式，以及在他的工作室里看到的他的那些作品都让我很惊讶。我对那一切都很好奇。

马林： 最能带给你灵感的是什么？

德纳芙： 我想，是我观察别人的方式吧。我总是睁大眼去看。我更像是观察者，而非那种侃侃而谈的人。

马林： 关于你自己，你能做的最诚实的表述是什么？

德纳芙： 我不会什么都说……但我说出口的都是我真实所想。

1　米蕾耶·马蒂厄（Mireille Mathieu，1946— ），法国传奇歌手，用十一种语言录制了一千二百多首歌曲，全球专辑销量上亿，屡获殊荣。

2　雷吉斯·瓦格尼耶（Régis Wargnier，1948— ），法国编剧、导演，代表作包括《印度支那》《野人传奇》《女银行家》《我是城堡之王》等。1993 年凭《印度支那》获奥斯卡金像奖最佳外语片奖。

3　　Jackie O，指杰奎琳·肯尼迪（Jacqueline Lee Bouvier Kennedy Onassis）。在成为美国第一夫人之前，她已是一位知名摄影师、记者。她热衷经典而随性的时尚风格，配以个性配饰，其中她一直佩戴的超大号太阳镜成了时尚经典以及她的标志。

4　　《伊凡雷帝》（«Иван Грозный»），著名苏联导演、俄国电影之父谢尔盖·爱森斯坦的经典作品。该片是16 世纪最具禀赋的俄罗斯大公伊凡四世的传记电影，于 1944 年上映。1946 年获苏联国家奖金。

5　　约瑟夫·L. 曼凯维奇（Joseph L. Mankiewicz，1909—1993），美国编剧、导演，曾四次获得奥斯卡金像奖，十次奥斯卡提名，连续两年赢得最佳导演奖和最佳编剧奖。1987 年获得威尼斯电影节终身成就奖。

6　　《千年血后》（*The Hunger*），托尼·斯科特导演的吸血鬼题材电影，1983 年上映，由凯瑟琳·德纳芙、大卫·鲍伊主演。

7　　曼·雷（Man Ray，1890—1976），美国现代主义艺术家，在巴黎度过大部分职业生涯，因其先锋派摄影闻名。

SH

I

R

NEW YORK, 2014

IN

艺术家施林·奈沙 1957 年出生于伊朗的加兹温，1974 年移居美国，此后一直秉持独特而有力的美学观，探究性别、权力、流亡、抗争、身份认同，以及个体与政治的间隔。借由神话，她的作品探讨男性和女性的不同体验，后期的创作则捕捉到了仪式和丧失等普世主题。2009 年，施林·奈沙执导了她的第一部长片《没有男人的女人》[1]，该片根据沙尔努什·帕西普尔（Shahrnush Parsipur）的同名小说改编，在第 66 届威尼斯国际电影节上获最佳导演银狮奖。

我第一次采访施林是在她位于曼哈顿中心的明媚客厅里。她柔软、优美、纤细得近乎脆弱的嗓音，说着有力、叛逆、挑战权威的观点，让我着迷。从那时起，我一直被她作品内在的复杂性深深吸引，我们的友谊也日渐深厚。时隔五年，施林还是老样子。女性、政治和社会动荡的话题依然让她灵感激荡，她开展了一些复杂的大项目，不论作为个体还是身为艺术家，这些项目对她都是一种挑战。从 20 世纪 90 年代初开始，施林在她的摄影、电影和影像艺术品中探索伊朗人民——尤其是伊朗女性——的生活，备受赞誉。这位艺术家走出了自己的路。她创作的作品从当下的背景中看，尤其有意义。

乌戈·韦尔塔·马林：你的作品中似乎一直有矛盾的元素，为什么矛盾会成为你作品中关键的理念？

施林·奈沙：你说得很对。我所有的作品都涉及一些相对的概念：男性和女性，个人和社会，魔法与现实，黑与白。我一直试图去理解为什么会这样，但现在我明白了，可能是因为我有强烈的分裂感——自己的内心世界和外部世界，以及别人认为的我和我所认知的我，都是如此不同。我充满了矛盾：坚强、理性，但又非常脆弱，很容易受到伤害。我也认为生活中的万事万物都是矛盾的结合体。围绕我们的是这么多美好、富有人性的存在，但也有丑陋、暴力和痛苦。

马林：你的作品里总有乡愁吗？

奈沙：这是毫无疑问的。乡愁，与家人的分离，被抛弃的感觉，我和伊朗之间始终存在悬而未决的关系。最重要的是，在流亡生活中，这所有感觉在极大程度上塑造了我看待世界的方式。我描绘伊朗的方式显然来自一个很久没有回国、无比思念家国的伊朗艺术家的视角。

马林：在这个意义上，伊斯兰革命对你的艺术有什么影响？

奈沙：伊斯兰革命对我的个人生活和艺术生活都有影响。1979 年革命后，我和数百万伊朗人一样，被迫流离在外，不能和我在伊朗的家人团聚。我不得不应对悲痛、思乡、焦虑和愤怒，这反过来又成为动力，让我决定投身艺术。如果伊斯兰革命没有发生，我可能就不会成为艺术家。

马林：从摄影到录像再到电影，你的作品都包含有力而独特的宗旨。工作时，你有什么特定的程式吗？

奈沙：我向来不善于重复自己。我倾向于不断从一种形式转向另一种形式。这种模式肯定与我游牧式的生活方式和性格有关。不管是哪种媒介，一旦我觉得游刃有余了，就会厌烦。然后，我就会背叛自己的代表作，往反方向走。我喜欢做一个初学者；像个学生。不断重塑自己是很可怕的，但也很兴奋，可以看到自己胆战心惊，毫无把握，不知道自己会不会失败。

我一开始做的是静态摄影，并在大部分作品上配上手写体的波斯文，但过了几年，等外界关注到那些作品后，不知

I am full of contradicti
strong and rational
and yet very fragile an
vulnerable

我充满了矛盾：坚强、理性，
但又非常脆弱，很容易受到伤害

怎么回事，我对手头在做的那种形式提不起劲了，索性全部停下来，转而去做影像装置。再后来，等人们开始把我定义为制作分屏影像装置的多媒体艺术家时，我又转而去做电影了。我未必在哪种特定媒介上有天赋，但我是个不安分的人，我需要一刻不停地努力，甚至冒失败的风险。这可能带来巨大的工作量，不熟悉新媒介的语言体系时常让我觉得举步维艰。然而，我竟然坚持下来了，从头到尾都没放弃。我相信，这些挑战、这整个过程比实际结果更重要。

马林：你采用了一些与你的原生文化相关的符号，比如在肖像摄影中使用波斯语诗歌。你是怎么把这种符号体系和作品关联起来的？

奈沙：我来自伊朗，一个素以丰富的诗歌和神秘主义历史闻名的国家。这也许是因为我们有漫长的独裁历史。因此，伊朗人民被迫依赖诗意的、象征性的语言去表达不被允许公开表达的一切。对我们来说，隐喻式的语言是最自然的表达方式。我记得，当《没有男人的女人》在 2009 年上映时，有位美国评论家写道，影片中大量的象征符号让她茫然不解。她显然忽略了文化上的细微差别，忽视了伊朗人没有美国人的言论自由，所以，为了言说无法用直白的方式表达的东西，我们被训练得擅用隐喻和象征。

马林：你的创作会把"美"视为主要内容吗？

奈沙：当然。我深受伊斯兰传统艺术的影响，"美"的概念在其中就极其关键，并被定义为人类和神灵之间的中介。如果你细看我的作品，就会看到对称、重复、抽象、空虚、几何构图，以及最重要的，我在图像中加入文字，这些都借鉴了伊斯兰传统艺术和建筑特色。但我刻画的美始终处于恐怖、不安、痛苦和暴力之中，这是由我作品中描述的社会政治素材所决定的。

马林：你的作品大都基于影像和电影，细看的话会觉得空间的概念似乎也起到了重要的作用。

奈沙：空间一直是我的作品中特别重要的一部分，因为空间有助于构建故事的情绪、人物、历史和政治的框架，从而界定作品叙述的内容。比如我的影像《独白》（Soliloquy），有一部分是在土耳其拍摄的，另一部分是在美国拍摄的，建筑就成了分辨东西方文化价值和意识形态冲突的核心元素。在西方，我们在奥尔巴尼和纽约市拍摄划时代的现代宏伟建筑，那些建筑代表了美国的宏大及其资本主义的本质；在东方，我们选择了土耳其一座美轮美奂的大穹顶清真寺。

再比如，在电影《没有男人的女人》中，对空间和建筑有目的性的使用也很明显，电影里有四个来自不同经济阶层的女人，我们的任务是在摩洛哥的卡萨布兰卡再现 20 世纪 50 年代的伊朗。

马林：文化身份在你的创作中扮演了怎样的角色？

奈沙：我已经学会了像游牧民族那样工作，对一个自我流放的艺术家来说，这大概算是唯一的优势吧。到不同国家游走、寻访，一门心思要拍出看起来像是在伊朗拍的场景，其中的不确定因素太多了。

为了找到富有伊朗建筑和景观特色的地方，我们远赴墨西哥、摩洛哥，还有土耳其。流亡艺术家在异国他乡生活和创作——这是有历史渊源的，譬如塔可夫斯基离开苏联后在瑞典和意大利工作；又譬如谢尔盖·爱森斯坦和路易斯·布努埃尔，他们去了墨西哥，拍了许多电影。这些年，因为政治局势所迫，很多伊朗艺术家、音乐家和电影人不得不离开伊朗，在国外进行创作。然而，有趣的是，就算我去到墨西哥，努力地让镜头里的一切看起来是发生在伊朗的，作品仍会带有墨西哥文化、墨西哥人民的味道。你学着将不同的文化融入你自己的文化，而这就变成了你的标志性特色。我越来越欣赏这种游牧式的工作方式，也因此没什么兴趣在伊朗工作了。

My artistic nature leads me to rebel, which is also evident in my female characters

我的艺术天性将我引上了叛逆之路，这一点在我的女性特质中也很明显

马林： 用什么词来形容你的作品最恰当？

奈沙： 反叛。在个人层面上，我的艺术天性将我引上了叛逆之路，这一点在我的女性特质中也很明显。我的作品大多是关于被压迫的，以及在艰难的文化、政治处境下的女性，我展现的角色总是敢于反抗、坚忍、有叛逆精神。

有个很好的例子，在作品《动荡》[2] 里，女歌手将她的压抑转化为一种创造力，以一种粗犷、有力、震颤的喉音歌唱，打破了古典音乐表演的每一条规矩，而男歌手依然停留在传统的音乐规则内。还有《热烈》（Fervor）中的女主人公，她在异性诱惑和宗教禁忌之间无法取舍，在矛盾中走出人群，以示抗议。

在我最近的作品《没有男人的女人》里，每一个女性角色——不管她的问题或期望的本质是什么——都牢牢掌握自己的生活。她们出离社会，去一个脱离世俗，不受社会、宗教和文化约束的果园避难。

马林： 你被公认为抵抗伊朗压迫的象征……

奈沙：我认为这说法可能有点夸张了。我没有把自己的作品视为一种抵抗的形式。我相信作品是非常有象征意义的，并在虚构语境里发挥了作用。要不然，我就会成为活动家，而非艺术家了。虽然我相信艺术的力量，但我认为在更大的格局里，我并不像人们想象的那样有存在感，那样有影响力——不过，听到人们认为我的作品鼓舞了其他伊朗妇女，我还是深感荣幸的。

马林：接着我们前面聊到的，你探讨了伊朗妇女被迫与高墙对抗时的反应，能不能谈谈你对此的看法？

奈沙：首先，在生理层面上，我认为女性天然地习惯于表现出坚强的一面，因为她们要生养孩子。女性似乎比男性更能应对危机。我是通过观察我自己的家庭感受到这一点的。我的母亲和姐妹们都承受了令人难以置信的压力——政治上的、经济上的和个人生活上的——但她们都是斗士，虽然家族中的男性表面上是管事的，但女性才是维持家族团结的人。

同样，如我之前所说的，伊朗的女性群体给了我很多启发，因为她们始终在用微妙的、隐晦的方式反抗当局，用暗含

挑衅的姿态拒绝服从。事实上，伊朗政府至今仍视女性为最大的威胁，因为她们拒绝遵守宗教和社会准则。

马林： 遥想未来，你认为你的作品会引发东方年轻艺术家们的共鸣吗？

奈沙： 我刚从中东回来，去了贝鲁特和卡塔尔，遇到了很多人。我在位于多哈的阿拉伯现代艺术博物馆（MATHAF: Arab Museum of Modern Art）举办了我在中东的第一个个展，还在贝鲁特美国大学做了一次工作坊，讲了一堂课。我惊讶地看到有那么多年轻人——尤其是来自穆斯林社区的女性——关注我的作品。他们的反响深深打动了我，他们的意见大多是正面的，当然也有很多不赞同我美学观或世界观的人批评了我的作品。但我很高兴看到人们——尤其是年轻人——可以通过社交媒体了解我的作品，并受到启发和影响。

You have to put yourself at the mercy of life and experience things in order to find your subject

为了找到你的主题，你必须让自己任由生活摆布，去体验各种事物

马林：纵观你作品所蕴含的各种不同深意，你会说当代艺术缺乏精神性的指向吗？

奈沙：如果一定要说的话，我相信缺的是有内容或有意义的艺术品。话再说回来，每个艺术家都出于不同的理由进行创作。有些人是为了艺术而艺术，创作是他们的职业，所以他们不太关心内容和意义，而是对美学呈现更有兴趣。甚至在给年轻学生上课的时候，你也看得出来，他们真的很艰难地在寻找有价值、有意义的主题。他们好像被庇护在他们的生活方式和象牙塔的环境里，因而无法表达任何深刻的东西。

马林： 舒适区。

奈沙： 是的，是这样。舒适区和艺术实践不相容。至少对我来说是这样。我曾在常春藤盟校教过一些家境优越的年轻学生，他们没有见识过大世界，没有经历过政治上的抗争，没有读过很多书，知识面很狭窄。所以，他们的创作主题往往停留在单一维度，也不深刻。但总的来说，我认为艺术家的生活方式会滋养他们创作的作品。为了找到你的主题，你必须让自己任由生活摆布，去体验各种事物。

马林： 玛丽娜·阿布拉莫维奇经常开玩笑说："童年越糟糕，艺术家就越优秀。"

奈沙：（笑）如果艺术家无话可说，这一点会反映在作品里。也不只有艺术家会这样。我还认为，艺术界有很多人，包括评论家，欣赏的是那些把艺术史上各门各派的杰作加以深化和细化的作品，而这些作品未必需要有什么内容或意义。

马林： 越来越多的艺术家成了名人，你对此有何看法？

奈沙：并且变得非常富有？我认为这才是问题的真正所在，而且很危险。事实上，每个艺术家都要面对某种程度的自大狂和自恋。我们都希望每个人都赞美我们的作品。这就是人的天性，很不幸。但我记得一位朋友曾对我说过："别把溢美之词放在心上，也别把反对意见看得太重。"我在心里一直试图与艺术界保持一定的距离，以便保持理智和健康。竞争可能让人无法招架。但我相信当他们的艺术事业到达一定高度的时候，每个艺术家都有自己的方式来应对这种挑战。

马林：想独处的话，你会去哪里？

奈沙：去电影院。或者去公园散步。目前，我正在写一个剧本，我非常享受这个过程，因为这可能是一段彻底孤独的体验。

马林：你担心自己被过度曝光吗？

奈沙：确实会担心，所以我总是有选择地办展，宁缺毋滥。我没有和许多画廊合作。实际上只有纽约的一家画廊有我的代理权，我每隔五年在那里办一次展。除此之外，我只是偶尔在博物馆里做些小型展出。

马林：最能带给你灵感的是什么？

奈沙：当我看到一件伟大的艺术品或一部好电影的时候。它们能让我重获对艺术力量的信念。我的一位好朋友曾给我一份电影杰作清单，对我说："你一定要记下观看这些电影的日期和时间，因为你的生活将不复从前。"

马林：你有没有反复做的梦？

奈沙：有。我会把梦记下来。最近，我把一些梦翻拍成了视频装置。我近来才意识到，几乎在我所有的梦中，母亲都会出现。大概是因为母亲在我的生命中扮演了极其重要的角色。她已经很老了，尽管我们基本上只能通过电话交谈，但我是那么沉迷于她无条件的关怀、爱和深情。我有时会想，她是我和伊朗最后的、真正的关联，如果她离开这个世界，我和伊朗的关系就将永远结束。所以，失去母亲的焦虑和恐惧似乎一直萦绕在我梦中。

马林：马塞尔·杜尚曾在一场研讨会结束前说，他认为未来的伟大艺术家"不能被看见，不该被看见，应该转入地下"，你同意吗？

奈沙：也许在杜尚的时代是这样吧，但在今天，我相信艺术家的人格——包括他们的生活方式、政治观点以及展示自己的方式——和他们的作品同等重要。如今，审视一位艺术家的作品而不研究其个性几乎是不可能的事了。

马林：你对卡塞尔文献展、威尼斯双年展这类大型国际艺术展有什么看法？

奈沙：我相信，参加这些大型国际艺术展可以证明一位艺术家的作品有价值，可以被载入史册。不过另一方面呢，虽然我参加过很多大型国际双年展，并且依然乐在其中，但当某位策展人在这样的大背景中展示某位艺术家的作品时，更多反映的是策展人的想法，而非艺术家作品的特质。

马林：关于你自己，你能做的最诚实的表述是什么？

奈沙：我很脆弱——但这不是消极的说法。我喜欢这种脆弱性，它让我保持警觉。

1   《没有男人的女人》（*Women Without Men*），于 2009 年 9 月 9 日在意大利上映。影片讲述 1953 年夏天四名伊朗妇女的生命奇遇，她们的命运在一个美丽的果园交汇，并最终找到独立、安宁和友谊。

2   《动荡》（*Turbulent*），施林·奈沙 1998 年的分屏影像作品，由两段舞台上的演唱组成。男歌手站在光亮中，迎接掌声雷动；女歌手在阴影中，面对空无一人的剧院。

A

ANN DEMEULEMEESTER
安·迪穆拉米斯特

NN

安·迪穆拉米斯特是一名比利时时装设计师。对她而言，时尚是一种沟通方式。她用复杂的视觉语言尽显千姿百态的情绪。她设计的服装饱含诗意昂扬的张力——简洁得像一把刀，严肃但不严厉，一丝不苟又极富实验性。

我们约在伦敦的拉斯利特酒店见面，安在 10 点整准时到达。她看起来和大堂里的其他女人迥然不同，从头到脚一身黑，涂着红色的唇膏，还抱着一本一千零十页的黑色封面巨作，书中记载了她三十年来在时尚界的成就。我惊讶地发现这是她给我的礼物。她说她知道我喜欢书，所以就带了这本来，尽管这只是我们第一次见面。

安无意涉入热闹的名流圈，对潮流也不感兴趣。她不屑于谈论那些吹捧她时装的名人，却兴奋地回顾了她应邀为 16 世纪的一座圣母雕像定制衣饰的往事。多年来，她初心未改，依然保持着浪漫的愿景。这就是安的格调：一切都照自己定的规矩来。

乌戈·韦尔塔·马林： 我读到了你是如何开始设计生涯的，还有"安特卫普六君子"[1] 这个法国–比利时解构主义设计师团体的往事，我对这一段历史很感兴趣。

安·迪穆拉米斯特： 嗯，你知道，并没有所谓的"安特卫普六君子"——是媒体这样叫开的，但我们从没打算组成一个团体。我们是同一所设计学校的学生，都很有抱负，当时根本没有"比利时时尚"这样的概念。所以，我们的优势是可以从零开始，我们无须背负任何传统。毕业之后，我们都想创新，都心怀各自的理想并以自己的方式去实现。我们每个人都做了一个小系列，为了节省成本，我们一起租了辆卡车，去了伦敦。

一到那儿，我们就在英国设计师展上租了个展台。我们的展位都挨在一起，共享一个展台，结果从第一天开始场面就很疯狂。媒体发现了我们，而且没人能念对我们的名字，所以他们就那么说了。"你们知道这六位新设计师吗？"谁也没想到会有六个新设计师一起冒出来——更别说都来自"时尚圈"闻所未闻的一个小城市。这就是"安特卫普六君子"的由来。说起来，我觉得这个称呼之所以能叫响，正是因为它意味着这是一群各自捍卫自己立场的个体所组成的组合。

I wanted to charge clothes with emotion or let them talk for the people wearing them

我想赋予衣服以情绪，
或者让衣服为穿着者代言

马林：有没有类似于"比利时时尚流派"或"比利时时尚视角"这样的概念存在？

迪穆拉米斯特：我不知道在时尚界有没有"比利时流派"之说，在我看来并没有——因为我自认为与其他人很不一样。不过，颠覆传统的精神成了不同设计师之间的纽带，这一精神让比利时第一次被标注在时尚界的版图上。

马林：刚出道，你就开创了一种时尚新美学。你认为自己现在的创意来源和当年一样吗？

迪穆拉米斯特：是的，依然来自我的感受。这么多年来，我一直跟随自己的直觉。我从没有什么策略，只想诚实地听从内心。我一直试图去理解、分析人与服装的关系，以及人们如何向世界展示自我——这就是促使我开始设计的初衷。

马林： 你对个体的特性更感兴趣。

迪穆拉米斯特： 没错。事实上，我一开始是因为画肖像才对人们的服饰产生了兴趣。在某种程度上，我认为自己的任务是要推出一种崭新的着装原则，我想赋予衣服以情绪，或者让衣服为穿着者代言。我需要与世界其他地区的人创建一种沟通方式，所以我开始把自己的设计寄出去，并因此得以遇见我本来没机会见到的人。这可能是整件事里最美好的部分——我通过自己的作品找到了知音。我能够用爱、用美、用纯真、用力量、用自信、用我能感受或能付出的任何情绪为他们的衣服灌注能量，那感觉非常特别。

另一方面，把作品寄出去时总有一种不可知性，你未必每次都能知道你的作品对别人意味着什么，但当我发现我的梦想也曾是另一个女人、另一个男人的梦想时，我就觉得自己的付出得到了回报——这让我意识到，我们都是同一条造物链的一环。

马林：你认为艺术家在获得成功或认可后，思维方式会发生变化吗？

迪穆拉米斯特：它是会跟随你的。我不是三十年前的那个我了，但我一直跟随我的感觉。

马林：对你而言，这个原则是否在某个时间点被打断了？你为什么不再做设计了？

迪穆拉米斯特：在某个时间点，我问过自己："接下来呢？"在我还是个年轻女孩的时候，我想去实现某些梦想。我拼命工作，付出了一切。突然间，梦寐以求的事成真了，我问自己："我还要更多吗？我要更多名声吗？我要更多钱吗？我要开更多的店吗？"而答案是否定的，所以我就跟随自己的直觉，决定停下来。

我想，也许，一个人在这辈子做成更多的事或许是可能的——虽然这很冒险，但我下车了。我也很累。我已经明白了，在时尚界，你无法选择自己产出或展示多少作品。你不能在你准备好的时候展示作品；你必须为特定的日期做好准备。

在 20 世纪 90 年代，你尚且可以一年做四个系列——男装、女装、夏装和冬装，但现在的节奏实在太疯狂了。时尚产业时时刻刻都需要新装上市，但我不喜欢这样工作——这种节奏太奇怪了。你天生是个有创意的人，也尽了自己最大的努力，但在时尚产业里，要存活下去就要经营。你要和生意人保持合作关系，创意思维方式常常会和商业思维方式发生冲突，这很正常，但我是那种我行我素的人。

马林：有趣的是，许多艺术家同行都表现出了对这套机制的抵制情绪……

迪穆拉米斯特：对这套机制宣战。不是我厌倦了做漂亮的衣服，而是我厌倦了这套机制。真的烦透了。

马林：会不会有一些创意太走极端了，因而没法实现？

迪穆拉米斯特：没有，那倒不至于。我在这一点上没有挫败感。但唯一的挫败在于，我有时想用与众不同的方式展示我的作品，但时装界在这方面的容许度极其有限。你要在特定的日期和特定的时间段与特定类型的人一起做时装秀……而我很想改变这种状况。我曾经想在光线非常暗淡的条件下——近乎在黑暗中——办一场秀，但得到的回应始终是"不行"，因为现场必须有足够的光亮，好让媒体为杂志拍照片。哎呀，一台大戏！

马林：（笑）从一个系列到另一个系列，你的设计观念是如何演变的？

迪穆拉米斯特：演变总是自然而然发生的，因为，如果之前的系列不存在，就不可能出现新的系列。我总是从上个系列来不及完成的东西开始，那会带我走上一条新路，开启新的系列。

To be complete, you need to work with opposites and contrast, and finding a balance in between these two poles can make something beautiful

为了获得完整的感受，
你需要面对对立和矛盾，
在两极之间找到平衡，就能创造出美感

马林：我很想知道你与色彩的关系。你为什么喜欢一直用黑色来创作？

迪穆拉米斯特：对我来说，黑色是最有诗意的颜色。我不知道黑色是不是"颜色"——它是一种"非颜色"——但说到底，用黑色来创作是一种通往事物本质的方法。有明有暗，有白有黑——就这么简单。透过一张黑白照片，你能看到你想看到的一切。你需要诠释的一切——一个剪影、一种对比、一种情绪——都包含其中。黑色也是跟随直觉而来的。

我喜欢研究廓形和剪裁方式，对我来说，制作服装就像做雕塑——你要做出一个必须能够包裹一个人身体的三维模型，然后你要能改造它，在想有所增强或隐藏的地方加以强调。从某种角度来说，你创作出的是第二具身体。开始斟酌廓形时，你不希望被一朵花或一条条纹干扰，所以就采用了最纯的东西——白色棉布或黑色羊毛，然后你开始制板、剪裁，直到整个板型到位，同时，它的形态和一些需要呈现动作的地方要有张力。我认为，现在百分之九十九的衣服用都是一个板型，只是在颜色和装饰上有所不同。但相比于装饰，我对建筑更感兴趣。

马林：你觉得红色可以换成黑色吗？

迪穆拉米斯特：当然可以。

马林：时尚自带一种对抗性别、正视性征的力量。性在你的作品中扮演了怎样的角色？

迪穆拉米斯特：在我刚起步的时候——现在回想还挺困难的，毕竟隔了三十年——性观念对我来说很重要，因为我在时尚界找不到我所认为的性感。他们说是性感的，在我

看来却很庸俗，所以我必须在服装上发明一种新的性魅力。我开始用一种崭新的、情色的方式去重新演绎我认为有吸引力的东西。我没有过多地从男性和女性的角度去考虑这个问题；相反，我考虑的依据是人类之美，因为我认为每个人都有阳刚的一面和阴柔的一面，这二者的交会才让事情变得有趣、耐人寻味。这一点给了我很大的灵感。能找到不同的方式，而不是以当时人们的认知去呈现这件事，这种自由让我感觉很棒。

马林：你的作品中也有保持张力和具有二重性的一面。

迪穆拉米斯特：是的，在矛盾对立中创作会让事情更有趣。生活里不能只有黑色，我也需要白色，我相信这能关联到任何一件事。为了获得完整的感受，你需要面对对立和矛盾。在两极之间找到平衡，就能创造出美感。

马林：你的美学观是什么？

迪穆拉米斯特：我没有这种观念。这就好比你认为有一份食谱能做出"美"——可我不觉得有这么好的事。我认为，真实就是最美的。

What they called sexy,
I thought was vulgar, s
to invent a new kind of
appeal in clothes

had
ex

他们说是性感的，在我看来却很庸俗，所以我必须在服装上发明一种新的性魅力

马林： 你在进入时尚界之前就读于艺术院校，你认为视觉艺术和时尚有怎样的关联？

迪穆拉米斯特： 我只能说说自己的想法。我对于像个记者一样对艺术和时尚进行分析不感兴趣，但我一直深受伟大艺术家的启迪。每当我看到一些令我震撼，甚至是让我恶心或者直抵我肺腑的东西，我就会获得创作好作品的能量——我称之为能量的传递。艺术会让我有这种感觉，音乐也会，或者看一部美好的电影。

马林： 有什么电影对你的创作产生过巨大影响吗？

迪穆拉米斯特： 弗朗索瓦·特吕弗的《野孩子》（*L'Enfant sauvage*）应该算吧。这部电影讲的是人们在灌木丛中发现了一个野孩子，然后有个医生千方百计想把他带入文明世界。我不得不说，这个故事让我灵感爆棚。

马林： 你的作品与音乐也有不解之缘。

迪穆拉米斯特： 嗯，在我刚开始做设计那会儿，我把我的作品寄出去，同道中人就这样找到了我——其中包括帕蒂·史密斯和波莉 [2]。这不是我安排的,是她们来找我,我简直不敢相信那是真的,因为我超爱她们的音乐,能让她们穿上我做的衣服好比一个巨大的成就,让我往前进了一大步——真的太棒了!

马林: 你和她们的合作有什么幕后故事吗?

迪穆拉米斯特: 我和帕蒂的相识是个很美的故事。这要回溯到 1991 年,那时我即将在巴黎举办第一场时装秀,挑选音乐对我来说是头等大事。我决定用帕蒂的歌,因为她的音乐在我的世界里已经坚守很多很多年了。之后的秀,我在筹备期听什么音乐就常常拿去当秀场配乐了。第一场秀做完后,我给她寄了两件白衬衫,感谢她允许我用她的歌,还给她写了一封信——就觉得应该亲手写点什么才对……后来收到了她的回信,就是这样开始的。我也回了信,我想差不多有十年吧,我们一直保持通信。

再后来,她经历了生命中的一段低谷——那时她的丈夫刚刚去世——鲍勃·迪伦让她重登舞台,她的许多朋友都去捧场,给她鼓劲儿。我为她做了演出服,还去了她的演唱会。我只想看她唱歌,但突然有人抓住我,把我带去了后台。太美好了，感觉好像是和一个认识了一辈子的人终于见面了……和波莉相识也是类似的情况，只不过再晚一点……我喜欢她做的音乐，也在我的时装秀中用了她的歌。后来，突然有一天，她问我能不能为她做衣服——我做了，我们也开始了一段美好的友情。实际上，我这次来伦敦就是要和她聚聚。

马林：时尚有时会变成声张观点的载体，就像音乐人用歌曲表态那样。你认为衣服可以有政治性吗？

迪穆拉米斯特：好吧，衣服本身不可能有政治性，理想和思想有。你的穿着方式只是你散发的一种信息，是你向世界展示自我的方式。人们不会赤身裸体地去见别人，见面时都会穿戴整齐，而服饰会讲故事，可以展现你的信念、梦想、快乐、愤怒、疯狂……

马林：或者虔诚……我想问问你去圣安德鲁教堂里为一座16世纪的圣母马利亚雕像打扮的故事。那是怎么发生的？

迪穆拉米斯特：这事儿太妙了——我认为她是我最珍贵的客户（笑）。那天，我工作时接到一个神父打来的电话。

他听说我是比利时最好的时装设计师之一，而他的教堂里有一座 16 世纪的圣母雕像正需要一身新衣。他想把这位圣母推荐给年轻人，让他们把她当作朋友。

我必须跟你说实话，就在那一刻，我一下子起了鸡皮疙瘩，当即就决定要做这件事。他给了我一个月。我和他约好时间，去了那座教堂。他在圣母面前支了一个巨大的梯子，好让我凑近看她。于是，圣母就在我眼前。她穿着一条天鹅绒大长裙，头戴桂冠。我们把旧衣饰全部撤走，于是看到了一座精致的木质小雕像——太特别了。我尝试做了一些设计，使她看起来更柔弱，更像人，更自然。

设计做完后，我又去了一次。我独自一人在教堂里，和圣母共处一室，帮她穿衣服。我不知道自己爬了几米高，把一块精致的薄丝绸搭在那座雕像上。我不得不说，那几乎是一个灵性的时刻。我把用羽毛做的紧身胸衣裹在她身上。从那之后，她就一直矗立在那儿，我每隔十年去洗一次她的衣服。

马林：拥抱圣像和宗教习惯的时尚，也延续了艺术和宗教之间的关联。

迪穆拉米斯特：是的。

马林：现在有很多人把艺术家和名人相提并论，你对此有何看法？

迪穆拉米斯特：名人现在就像一种专门的职业，不是吗？这种头衔对我来说没什么意义。我是工作的人，我是制造者。我不认为自己是名人。

马林：想独处的话，你会去哪里？

迪穆拉米斯特：大自然。我喜欢在花园里工作。

马林：最能带给你灵感的是什么？

迪穆拉米斯特：什么是灵感？这是最难定义的概念。我觉得灵感是你被给予的东西。我不知道它从哪里来，但我认为，从降生到这个世界的那一刻起，你就有了生命中的所有体验，所看到、所听到的一切，或一切让你走神的东西，它们都以某种方式存在于你的硬盘、你的记忆中。五十年后，那块硬盘里就有了许多的内容。到了某个时机，当你需要灵感时，有些东西就会浮现出来。为什么？我不知道，灵感浮现是不受控制的。

马林：你买的第一张唱片是什么？

迪穆拉米斯特：这我不记得了，但我可以告诉你，第一张真正对我有意义的唱片是帕蒂·史密斯的《群马》。

马林：你对纽约的大都会艺术博物馆，以及英国维多利亚和阿尔伯特博物馆举办过的那些引发轰动的大型时装秀有什么看法？

迪穆拉米斯特：我认为每场秀都是独一无二的。他们也来问过我，要我做一场个人作品的大秀，但到目前为止，我还没勇气去做……

马林：为什么？

迪穆拉米斯特：我不知道。这就好比说你事情还没做完，却要去回顾。到目前为止，我一直在拒绝，但谁知道呢，也许有一天……再说了，我保存了自己所有的作品。我有一个超大的档案库，这也是我可以"退休"的原因之一；年轻设计师们去那个档案库，就好像进了阿里巴巴的洞穴。他们可以从中随取随用，把素材直接用到秀场上，都能奏效。我的品牌——我做的所有这些工作——是能够以某种方式继续下去的。

马林：关于你自己，你能做的最诚实的表述是什么？

迪穆拉米斯特：我总是尽我全力。

1   "安特卫普六君子"(The Antwerp Six)，20 世纪 80 年代初在欧洲时尚界崛起的六位比利时设计师的总称，也有一种说法认为其共指七人。这群来自安特卫普皇家艺术学院的年轻人，以他们前卫的设计概念、细致的剪裁和五彩拼贴的新颖手法，震惊了当时低迷保守的时装界，一举奠定了比利时设计师在全球时装界不可动摇的先锋地位。而他们后来各自成就的事业也使得这一称呼超出其原始意义，成为来自安特卫普的前卫潮流的代名词。

2   波莉，指波莉·简·哈维（Polly Jean Harvey，1969—　），通称"PJ 哈维"，英国摇滚歌手。1991年组建乐队，在另类摇滚风潮中脱颖而出，是英国水星音乐奖历史上第一位两次获奖的音乐人。

IA

TA

N

TANIA BRUGUERA

塔尼亚·布鲁格拉

BROOKLYN，2015

塔尼亚·布鲁格拉是一位来自古巴的跨界艺术家，以行为艺术、装置和录像作品为主要创作形式。她参加过第十一届德国卡塞尔文献展，作品也在威尼斯、约翰内斯堡、圣保罗、上海、哈瓦那和圣达菲的多届双年展展出。她创建了行为艺术学校（Catédra Arte de Conducta），这是拉丁美洲的第一个表演研究项目，由哈瓦那高等艺术学院和汉娜·阿伦特艺术活动研究所[1]共同主办。

塔尼亚认为，个体的故事应当被置于社会和历史经验的大背景中去得到理解，她不断地实践着这一观点。然而，这一实践并不是通过某种刻意的方法去设计一个基本模式或公式而得到的结果。相反，她用显然不相干的议题编织出密集、精巧的复杂结构体。于是，它们带来了一个兼具智性和日常性的艺术项目，观众参与其中，不断体验作品所象征的诸多可能性。

在一个冬日清晨，我在布鲁克林的一家咖啡店见到了塔尼亚。我们用西班牙语进行了这次对谈，谈论拉丁美洲的艺术和政治。

这次谈话让我反思自己近年来最重要的发现之一，

即艺术是引领社会变革的工具。塔尼亚在这件事上堪称老手：她使人们质疑建制，也许这就是她走在政治艺术前沿的原因。

她是一位大胆的思想家、敏锐的政治斗士，她明白真正的反抗只能在烈焰中发生。

My work is about a wound.
It's about something that hurts, and it
hurts because I don't understand it

我的作品是有关伤痕的，
关于让人疼痛的东西，
我们疼是因为不能理解它

乌戈·韦尔塔·马林： 你认为自己的创作是围绕审查制度展开的吗？

塔尼亚·布鲁格拉： 我的创作核心基于一个想法——权力是如何运作的，尤其在审查制度方面。所以，从这个意义上回答的话，是的。

马林： 你的作品是关于伤痕的，也是关于治愈的过程的，你同意这种说法吗？

布鲁格拉： 我的作品是有关伤痕的，关于让人疼痛的东西，我们疼是因为不能理解它，或者说，我觉得这件事对我不公平。而另一方面，可能不只是治愈，而是一个给予他人希望的过程，通过告诉人们"好吧，你的伤确实存在，但你的身体还有别的部位；尽量别把注意力聚焦在伤口上"。我很愿意帮别人完成疗伤的过程，但真正能做到这一点的只能是伤者本人。

马林： 创作新作品的过程中，你遇到过最难克服的挑战是什么？

布鲁格拉： 太多了……曾经的挑战后来都融入了我的艺术实践，变成了一种独特的工作方法。

最大的挑战就是权力这个概念。在我的创作生涯中有过一段时间，我从谈论这个问题过渡到尝试去解决问题。以前我停留在展现问题的状态，然后往前迈了一步，分享了一些切实的、可能可以带来变化的提议。这种转变发生时，我工作上的挑战也随之改变了。假如艺术家在作品里抱怨或"哀泣"，而没有提出真正的解决方案——因而创作沦陷在一种贫瘠中——某些政府和保守型社会就会觉得这样的作品让他们感到很舒服。真正的挑战并不是在艺术家指认问题的时候出现的，而是当他们决定凭空创造出一个平行世界以催生改变的时候。虽然这些作品是想象出来的，但它们会给社会现状带来危机。

我所说的权力，不仅指政府内部的权力，还有艺术界内部的权力结构。挑战在不断地改变。比方说，我年轻时面临的挑战是要创造一种可以抵达大众的艺术语言——不论是我的邻居、部长，还是纽约现代艺术博物馆的策展人都能听懂的语言。接下来，我面临的挑战是作品本身强加于我的——怎样在成为国际性艺术家的同时，不牺牲作品中的紧迫感。目前，我面临的挑战是身为艺术家，如何与政治家对话。掌权者——不论是总统，还是街上的一万个人——需要理解艺术是引发社会变革的手段。艺术家需要把艺术融入日常政治议题。

马林：记录下你的表演是你创作中的一大要素吗？

布鲁格拉：是的，但我时常忽视这部分。那就是一场噩梦。

马林：听你这么说，好像你和做现场记录势不两立啊。

布鲁格拉：我在做表演的时候几乎不可能去考虑现场记录的事。在那个当下，我不会去考虑未来，甚至第二天的艺术展会怎样。我想的就是当下，而这就是行为艺术的美好。在我看来，最好的现场记录莫过于现场观众的情感记忆。记录无法取代体验，因为那会削弱行为艺术的初衷。我曾经试图解决这个问题，你可以在《向安娜·门迪埃塔 [2] 致敬》中看到这种尝试——我把作品置于新的语境，重新编排，试图保留作品与现场观众之间最真实的紧张情绪，看这些问题是否依然能激发共鸣，或制造分歧。我不打算复制作品最初的样子，而是更想更新原作引发的冲突。有时，

The great challenge comes, not when the a identifies the problem but when they decide make a change by inve parallel worlds

st

ing

真正的挑战并不是在艺术家指认问题的时候出现的，而是当他们决定凭空创造出一个平行世界以催生改变的时候这需要创造出一个新的画面，和记录下来的有所不同。有趣之处在于作品的转化，而不是具体的某个行动或画面。

马林：能谈谈"安娜·门迪埃塔系列"的来龙去脉吗？

布鲁格拉：当时我十八岁。我注意到学校里教的所有"重要"艺术家都是男的，没有一个里程碑式的女性艺术家能让我瞻仰。有朋友给我看了一张安娜·门迪埃塔的明信片，一个我们的共同好友和我们一圈人说，等她下次来古巴的时候，他会帮我们引荐一下。但不幸的是，还没等到那一天，安娜·门迪埃塔就去世了。听闻她去世的消息时，我感到一种强烈的情感上的空虚。那个时候，我珍视的一些人都移民了，这更加剧了这种空虚感。

在那段时间，她作品中的另一个层面更鲜明了起来，就是国族身份的跨地域性。于是，我决定透过安娜·门迪埃塔来表达自己的想法。同时，我也明白了，古巴的形象不是一个执政五十年的男人，也不是照片里五颜六色的民众。古巴代表了一种生命哲学。那一天，我决定了，我的创作将是关于古巴的——不是说我要用古巴的色彩、风景或别的象征这个国家的符号去创作，而是因为我觉得这可以成为描绘整个世界的另一种方式。

马林：对你来说，她现在依然能产生重大的影响力吗？

布鲁格拉：能。这些年来，她影响我的方式改变了，但依然深深影响我的创作。一开始，我对她就哈鲁科 [3] 所做的创作，还有她走出画廊、创造会消失的艺术的想法很感兴趣。后来，我开始对她如何处理政治问题有了兴趣。在面对古巴、女性主义和自己处于艺术界的什么位置等问题时，她的态度是非常政治化的。安娜·门迪埃塔用自己的方式进行了大地艺术创作，这是我从她那里学到的重要一课。她的《无题（强奸场景）》（*Untitled [Rape Scene]*）和《看血的人》（*People Looking at Blood*）至今仍影响着我，在这些作品里，她的艺术与他人的生活融为一体。

马林：在这些作品里，她研究世人的反应。

布鲁格拉：你说到点子上了。人们可以从她的作品旁边走过，而完全不知道那是艺术品。这对我有很大影响，因为那正是我试图达到的——创造能融入生活的艺术。她用一种高超的手法达成了这一点。

马林：有的作品是为公共空间创作的，比如《无题（哈瓦那，2000）》（*Untitled [Havana, 2000]*），有的作品是即将摆在博物馆里的艺术装置，比如泰特现代美术馆涡轮厅里的《塔特林 4 的低语 5 号》（*Tatlin's Whisper #5*）。创作这两种作品有什么区别？

布鲁格拉：我们可以重复使用一件作品，因为它被纽约现代艺术博物馆买下了，这是当下艺术圈的趋势。《无题（哈瓦那，2000）》是考虑了博物馆的种种因素后创作的，作为哈瓦那双年展的一部分。这个活动每三年办一次。作为一个展览空间，这个地方的能量非常强大。

马林：《塔特林的低语 6 号》（*Tatlin's Whisper #6*）也是同样的状况吗？

布鲁格拉：没错，这个例子更有代表性。我认为，古巴的艺术以及其他社会主义国家的艺术，都有一种有趣的特质。在这类作品中，艺术替代了在别处找不到的自由空间。相比于社会活动家，艺术家得到了更多的信赖和关注，这让艺术家有了某种责任——他们必须通盘考虑发生在其艺术表演内外、发生在他们的社会体系内外的一切，这都是他们作品功能的一部分。

还有一个很大的区别在于，假如你在纯艺术环境里创作，在某种程度上是受到环境和体制"保护"的——允许你在那个空间里玩耍；这和你在体制外创作时不同。后者的表演不受任何形式的"保护"，你必须使用完全不同的艺术语言，因为你不再是和策展人交流，而是要和警官对话。在机构外表演时，观众不太会斟酌作品的象征性，因此，你必须调用历史，考虑表演场地和你创作背景之间的微妙关系。

马林：《内疚的负担》（*The Burden of Guilt*）、《战后记忆》（*Postwar Memory*）和《塔特林的低语》这些作品的标题都很有冲击力，似乎使作品更加完整了。通常，你如何决定自己的作品用什么标题？

布鲁格拉：这个嘛，我受到了马塞尔·杜尚的启迪。我还是学生的时候就认识到了作品标题的重要性。我在古巴读的那所艺术学校非常偏重概念论，同时也很强调情境论。学校教我们，作品的标题必须提供直接体验无法提供的信息，以在某种程度上引导观众——在所有可能的解释中指明一个方向。譬如，一看《塔特林》这个标题，就可以理解这是关于共产主义和乌托邦的作品。作品最终变成了一个形象，而形象可以改变作品的含义。因此，你在标题中能看到这种诠释的方式。这就是为什么我会翻译自己作品的标题——我要保留我想传达的内容。

马林：社会活动家和政治艺术家的区别在哪里？

布鲁格拉：这是个好问题。在我看来，区别在于社会活动家使用的策略和手段是有效且一度被"证明"过的，而艺术家感兴趣的是创造新的手段，哪怕不确定是不是能起效。我们必须明确地知道，一个政治艺术家的作品必须在政治上发挥作用，因为常常有一些艺术家仅仅是使用了政治性图像就自称为政治艺术家——那并不是政治艺术。政治艺术家寻求受众的反应，希望将人们纳入进来。目前，我用的是"艺术活动家"这个概念——我希望能像社会活动家那样改造社会，但是是通过艺术的手段。

It is very dangerous for the artist to speak "for" others. The artist should speak "with" others

"为"别人发声是相当危险的。艺术家应该"与"别人一起发声

马林：赚钱有没有改变你的艺术创作方式？

布鲁格拉：什么钱？（笑）钱我不好说，但不妨说说特权、访问权，它们有可能对机构和体制产生影响，这是很重要的。身为艺术家的特权给了我一种责任感，我必须意识到这一点。

马林：为无法发声的人发声——你的作品中有没有这种反抗的理念？

布鲁格拉：我认为，说我"为无法发声的人发声"是很危险的。每个人都有自己的声音，也都有能力自己发声。问题在于那些不肯去听的人。现在我们能感觉到一种把事情

个人化的倾向，人们把关注点放在人身上，而不是问题本身。艺术界必须接受教育，改变规则，以便让政治艺术的目的得以恰当地实现。政治艺术家不应该成为名人，因为那势必搞砸他们的创作。一旦变成名人，真实性、影响力和尊重这些东西都会荡然无存，而一个政治艺术家要赢得那种尊重需要付出极大的努力。政治艺术不是用来消费的，而是旨在鼓励参与和转变。

我确实相信我的创作中有某种反抗。反抗是个很好的词，应该在这类对话中更频繁地用到这个词，因为艺术本身就是一场战斗。你的作品能被世人看到，并不意味着你就有了影响力。你需要明白艺术家什么时候该在场，什么时候该离开，其中就存在一种抵抗。只有这样，才能创造出一个供他人使用的公共空间。我相信，就现状而言，你不这样想反而会觉得很舒适，但对于艺术家来说，"为"别人发声是相当危险的。艺术家应该"与"别人一起发声。

马林：许多在极权主义政权下成长起来的艺术家，其创作都基于极权政权带来的种种限制。比如，创作以反抗那些政权，然后当他们去到美国之类的自由国家时，发现这一艺术不再通用了。好像是自由使艺术瘫痪了。你有没有过这样的体验？

布鲁格拉：是这样的。确实存在一种迷思，即人们对于审查制度及其激发的创作潜能的迷恋。我认为这种想法很危险，因为它可以将不公正的事情合理化。审查制度迫使你专注地去深思世事的本质，但这并不意味着你就此成了更优秀的艺术家。另一方面，我不认为所谓的自由社会就一定是自由的。在现实世界里，自由只存在于一个人的内心，而不存在于社会。

我们现在生活在一个全球极权主义的时代。这种极权主义在某些地方是通过滥用法制表现出来的，在别的地方则是透过不容置疑的、强制性的经济体系表现出来的。对言论自由的审查有许多变种。剥离特定背景的创作也会带来很多风险。移居他处是很难的，作品往往会因此失去一些层次感，因为它们是为一群新的观众在新的情境创作出来的。而新的审查体系也可能带来新的创作空间。在这个适应过程中，艺术家的创造力很可能大打折扣。

马林：你曾经谈及"道德美学"（aesthetics of ethics）。你的美学观是什么？

布鲁格拉： 我的美学观在一种道德姿态中自我显现，这种姿态提出了另一种在这个世界上运作下去的方式，我称之为"美学–道德"（aest-ethics）。

马林： 你认为在过去的几十年里，拉丁美洲艺术家在艺术界的境况有什么变化吗？

布鲁格拉： 显然，更多的拉丁美洲艺术被大家看到了，尽管如此，我们仍不得不面对许多刻板印象。要记住来自拉丁美洲的艺术评论，这一点很重要，因为它们从拉丁美洲的立场解释了拉丁美洲的艺术创作过程。其他地方的艺评人士常常不了解拉丁美洲作品所指涉的社会、历史、典故和情感渊源。比方说，你的作品谈及暴力或贫穷，一些批评家可能会在错误的语境下诠释它们，因而得出诸如"悲惨色情"[5]这样完全错误的概念。为了能向其他群体介绍这些他们未曾感知到的现实，我们就要充分理解这种现实的复杂性，这一点很关键。

马林： 你与画廊的关系如何，请你描述一下？

布鲁格拉： 很糟糕。2011 年，我决定终止授权所有画廊代理我的作品，也索性不再在博物馆里展示我的作品了。我想过就艺术机构不恰当地展出《国际移民潮》(*Immigrant Movement International*) 等作品发表声明。就我的经验而言，画廊喜欢我作为艺术家的作品，但一旦我决定与之合作，他们就老想让我去做些我觉得很别扭的事，比如他们经常要求我去画画，或者制作视频……

马林：去做一个产品。

布鲁格拉：是的，产品。事实证明，我和画廊很难合作，因为我们在艺术的定义和功能上无法达成一致。另外，在我看来，画廊不太有创造力。如果他们想不出用哪种传统销售方式卖你的作品，他们就不会对你的作品感兴趣，要不然，就是想改变你的创作方式。他们把艺术变成了一门无聊的生意，就像艺术市场那样。一方面，我不认为艺术家等于制造者；另一方面，谁又拥有艺术品？艺术品在哪里流通？在这种条件下，艺术品起到什么样的效果？

马林：越来越多的艺术家成了名人，你对此有何看法？

布鲁格拉：我觉得这事儿挺危险的，因为我相信这就是另一种独裁形式。成为名人的唯一好处就是你传递出去的信息可以抵达更广大的群体。

马林：想独处的话，你会去哪里？

布鲁格拉：我的脑子里。而且我一直都在那儿待着（笑）。

马林：在职业生涯的哪个节点，你觉得自己是个成功的艺术家了？

布鲁格拉：我成功创建了一个社区的时候，大家可以在那里讨论我认为相当紧迫但尚未被其他艺术家谈起的问题。比如我创建了"行为艺术学校"，发起了"# 我也要求"（#YoTambiénExijo）和"有用的艺术"（Arte Útil）等项目。

马林：你担心自己被过度曝光吗？

布鲁格拉：会，因为过度曝光会从根本上毁掉创作。了解曝光会有什么作用也很重要。资本主义社会经常走形式主义，让事情变得浅薄，谁都可能落入那种圈套。曝光的主要目的不在于你做了什么，而是你为什么那样做。

马林：最能带给你灵感的是什么？

布鲁格拉：我不会用"灵感"这个词，不妨这么说，给我"动力"的是，看到不公正的现象，知道事情不该是这样，可以是那样，而且有可能被改变。

马林：关于你自己，你能做的最诚实的表述是什么？

布鲁格拉：我害怕——我害怕放弃，害怕失去力量。我为会感到害怕而害怕。

1   汉娜·阿伦特艺术活动研究所（The Hannah Arendt Institute of Artivism，INSTAR），成立于2015年，旨在通过艺术在古巴普及教育，推广社会公正。

2   安娜·门迪埃塔（Ana Mendieta，1948—1985），古巴裔美国艺术家，作品探求个人身份。她关注暴力与生命，作品中使用泥土、树叶、血迹等自然元素。在三十六岁时意外坠楼身亡。塔尼亚在1985年至1996年间于哈瓦那进行了《向安娜·门迪埃塔致敬》的表演，当时正值古巴人民往美国移民的高峰时期。

3   哈鲁科（Jaruco），古巴西部城市。

4   弗拉基米尔·塔特林（Vladimir Tatlin，1885—1953），苏联画家、建筑师，与马列维奇同为20世纪20年代苏联先锋派运动中的两大重要人物，后来转而进行构成主义艺术创作。

5   "悲惨色情"（misery porn），指对悲惨生活境况不加掩饰的剥削性呈现。该词可追溯到1991年科幻小说作者帕特·卡蒂甘（Pat Cadigan）的小说《合成人》（Synners）。小说中，作者将这一词组与"贫民窟色情"（slum porn）并用，后引申出"贫穷色情"（poverty porn）的说法。

R

E

I

REI KAWAKUBO
川久保玲

TOKYO, 2019

来自日本的川久保玲是公认最重要、最有影响力的当代设计师之一。1969 年，她创立了自己的品牌 Comme des Garçons，此后一直致力于制作服装。自 1981 年首次亮相巴黎以来，她以规律而激进的表现方式模糊了艺术和时尚间的界限。为了纪念她在设计方面的卓越贡献，纽约大都会艺术博物馆在 2017 年举办了名为《川久保玲 /Comme des Garçons：跨界之艺》的特展。这位日本设计师的创造力已持续了四十余载，但她从不公开露面，在其职业生涯中接受的采访寥寥无几。沉默使她的声音比业内其他任何一位时装设计师都更有力，更能引发共鸣。

2019 年，我在日本生活的时候开始意识到，当人们面对虚无的概念时——尤其在西方文化语境中——他们往往会不安或恐惧，而在日本文化中，人们对此加以赞美。因此，我突发奇想，提议进行一场只有一个问题的采访。2019 年 2 月，川久保玲答应了。

乌戈·韦尔塔·马林：把时尚作为政治手段融入大背景，这种做法很有趣。我能想到在某些特殊的历史时段，服装和政治思想一样变成了一种宣言：人们戴上本来为狗打造的铆钉狗项圈，穿上橡胶制品、黑色皮革……你认为是什么让时尚拥有了政治性？

川久保玲：我只想通过创作来做成一番事业，通过做出以前从未存在过的东西，并与没有为此提供恰当根基的制度和当局做斗争。

从这个意义上来说，时尚是政治性的。

KIKI SMITH
奇奇・史密斯

NEW YORK, 2015

KI

KI

作为一名艺术家，奇奇·史密斯以其探索人类生存状况的跨领域艺术创作而闻名。人体、死亡、再生、性别政治，以及灵性和自然界的相互联系，都是她透过后现代的视角观察的对象。她擅长运用雕塑、玻璃制品、印刷品、水彩、摄影、绘画和纺织品，广泛的艺术实践催生了个体和群体的共鸣。自 1982 年以来，奇奇屡屡受到国际上的肯定，获得无数奖项和荣誉。她在世界各地举办个人艺术展，其中超过二十五个个展由博物馆主办。

我抵达奇奇在东村的联排别墅时，第一眼注意到的就是那扇高耸的亮红色大门。她从不把工作和居家生活分得很开。一进屋，我便震惊地看到整个空间里随意展示着各式各样的作品：挂毯、雕塑、素描、文件、信件、收藏的短时效物品……艺术家的工作室常常是家的翻版，反之亦然。这里的许多作品都是我在大学时研究过的；还有一些作品是我在纽约佩斯画廊的超大墙壁上见过的。一个奇观。奇奇·史密斯创造了一种包罗万象、不可模仿的视觉图像学。

乌戈·韦尔塔·马林： 你用过的材料包括纸、玻璃、钻石、蜡、钢……请问你如何决定用哪种特定的材料进行创作？

奇奇·史密斯： 我不知道。作品会告诉我的。要么是我在用某种特定的材料创作，并想看看自己能把它用到什么程度；要么就是我很清楚该用哪种材料。每一件作品都混杂了我和材料之间的各种关系。使用不同的材料会带来不同的体验，所以我试着准确地找到最有意义或最简洁的材料或体验。我有时也会发现做同一件作品、表现同一个想法的时候，我需要不止一种材料。结果就是，我会为同一件作品创作不同的版本。从本质上说，那就变成了不同材料间的对话。

马林： 你会如何描述自己雕塑作品的主题？

史密斯： 主题总是在变，各不相同，取决于我当时在做什么。我会说，物本身往往只是客体，而非主体。它没有那么多隐喻或寓意，它只是件东西，自成一体，没有代替任何其他东西。可以有言外之意和与各种事物的联系，但说到底，它只是个物件，其主体或客体只能是它自己。

One thing that art does is bring that which is hidden to the surface

艺术在做的一件事，就是把隐秘的东西带到表面

马林：美似乎是你作品不断讨论的主题。你的美学观是什么？

史密斯：我没有一种"美学观"。我喜欢把事物做得尽可能美。但人对美的定义可能像流沙一样变化不定，更何况是在一个人漫长的一生里。我在对细节的关注中发现了美，哪怕它们看起来可能很凌乱。我一直努力做出美丽的东西，为此需要对细节的关注。美很重要，是我在创作新作品时会去考虑的问题。但与此同时，美又非常难以捉摸，美是流动的、变化的、形态不定的东西。我始终在尝试，让作品自我发现——发现自身最透彻的那部分。那部分有时是美的，有时不是。

Beauty is important, a
something I consider v
creating new work. Bu
at the same time, it's a
elusive, fluid, changing
shape-shifting thing

ile

ery

美很重要，是我在创作新作品时会去
考虑的问题。但与此同时，美又非常
难以捉摸，美是流动的、变化的、形
态不定的东西

马林：你偶尔也会在创作中运用宗教意象和历史宗教仪式。你会说你的作品是有灵性、宗教性的吗？

史密斯：我被这些吸引。你说作品有没有灵性的内涵？我不知道。我不能说作品呈现了什么，但我从小是在天主教的环境里长大的，从小就觉得物品自带寓意。印度教徒也有这种信念。每一样物品都借由自身的构造和物理性，通过事物依附于它们的不同方式，储备了自身的活力。

马林：当代艺术缺乏精神性的指向，你认同这种说法吗？

史密斯：精神与美很相似，都是流动的、主观的，也是一个难以定义的概念。我时常不确定它意味着什么。人总会有一些问题——不管是大是小，这些问题持续主导着人们生活的大部分时光，但我认为没必要把这类思考强加到艺术作品中。我不认为艺术有一个特定的空间或位置，也不觉得艺术应该达成什么。我想，艺术只是人们综合自己的体验和兴趣的一种方式，以这种方式，为内心的某些意识赋形，继而投射到任何事物上去。在我看来，这就是一件作品成功的方式。精神的领域极其宽广，而人们也需要不同的表达方式。

马林： 当你在作品里展示或指涉精液、血液和其他体液的时候，你认为你的创作内容，或者它们对一些默认禁忌的违逆，是越轨的吗？

史密斯： 露西·利帕德[1] 说过，"艺术让人想起缺席之物"，我赞成这个观点。艺术在做的一件事——或至少说是艺术正在实现的一件事——就是把隐秘的东西带到表面：那些在公共领域不被谈论的东西。在我看来，这和我们对个人空间的需求有关。

在我生命中的某些阶段，我需要一些私人空间，这使我能更直言不讳地谈论那些不曾公开讨论过的事情。我发现这些事已成为我私人生活中的阻碍。关于我们的身体，或我们文化中一些很成问题的事情，很多也都没有被公开谈论过；也可以是关于细节、美学、官方或非官方的一些事——任何东西都可能。你可以说谈论它们是越界的、出格的，但另一方面，也可以单纯地理解为，在我们文化默认应该避而不谈的话题上，我们的感觉也可以不那么压抑。因为相比于个体感受，文化总是更有约束性。

马林： 你为什么从一开始就选中了人体作为一大主题？

史密斯： 在 20 世纪 90 年代之前，我一直在研究人体。那段时间，我的男朋友在斯特兰德书店工作，他给了我一本《格氏解剖学》(Gary's Anatomy)，我就一路读了下去。我很喜欢那本书，把它当作一门语言去喜欢。艺术创作提供了了解生命、了解不同主题的好机会。就人体这个主题而言，我看到了细胞、胃以及所有相关的内容。虽然我并不想成为医生或钻研医学，但我还是彻头彻尾地被迷住了。在我看来，身为艺术家——在某种程度上——给了你游走于不同空间的好机会。而景观是可以变的。

马林： 人们时常会用"发自肺腑"去描述你的作品，这是一种误解吗？

史密斯： 我觉得我的作品还不至于那么"发自肺腑"。我的作品往往只是一系列想法，但我很愿意让它们更发自肺腑。我想你可以说在 20 世纪 70 年代，人们常常透过材质去理解作品要传达的信息。比如说，理查德·塞拉[2]——或那一代的任何艺术家——的作品，都非常符合这一点。他们以材料为导向，而非天马行空的想象。这类作品的材料和形式以非常简明的方式结合在一起，一目了然。我在创作的前二十年，乃至更长的时间里，只用材料可感知的那方面或材质的原貌去赋予作品意义，这有时让我把握不好方向。但我确实喜欢直达肺腑的作品，喜欢有物理性、身体性的作品，有很多艺术家的作品比我的更具身体性。

马林：很有意思，人们会以不同的方式诠释同一件作品……艺术评论家、策展人、艺术史专家和普通观众，他们改变着视觉思维、视觉解读的规则。有些人似乎不太能理解你某些雕塑作品中人体的姿态，比如《尾事》[3] 或《撒尿的身体》（*Pee Body*）。你在这方面的想象力源自何处？

史密斯：有一部分是受了奇闻逸事的启发。我有个朋友，我以前总觉得她对每一件事都怨气冲天，好像把负能量垃圾装在脑子里随身携带，待在她身边会让人觉得非常不悦、没劲。不知怎的，我就顺着这个想法想："这就像大脑中盘着一条粪便，而且从实际意义上来说，垃圾也流出了身体。"它是对真实事件的冗长描述——就像讲了一个故事——所以被称为《尾事》，"故事"那个单词。那是从你身体里出来的，你又无法放手的东西。有些人囤积实体的东西，有些人在精神上囤积。这更像是一种声明。你还要去考虑体内携带了所有这些垃圾是何其羞耻。

至于《撒尿的身体》嘛，那是我创作的另一个有关液体流出身体的雕塑。它是关于位置的……详细来说，比如你的头发，或你身体上别的部分掉了，它们就不再是你的一部分；你和它们脱离了关系，或者说，至少大部分人是与它们脱离了关系的。那是有关自我、位置及流动性的作品。不过，这两件雕塑受到了一个物体和一幅画的影响。那个物体形状像一个团块，或一个人形，挂着一个像胳膊似的附肢。也都受到了我父亲[4]创作的雕塑作品《刺》(Stinger)的影响——有条胳膊从团块中伸出来。我还做了一个类似的雕塑，雕塑里有类似经血的东西——是用红色珠子串成的——从身体里流出来。做这些雕塑的时候，我想创造出的是有一个部分固定，而其余部分可以向任意方向移动的作品。从本质上讲，这个物体就像一幅画，周围有很多波浪线，但有一部分是完全静止的。

所以，我只是自娱自乐，思考我感兴趣的事情。我把所有想的东西拼凑在一起。到最后，作品的关键不一定在于其意义——因为我不知道它有什么含义——而更多是关乎我创造这些雕塑的原动力。我不会刻意为了给作品赋予意义而去创作。更重要的是对创作的成果感到好奇。你创造出一样东西时发生了什么，反过来它会为你做什么吗，它会回馈给你什么吗。

I love art and language together, and how words and images work together

我热爱艺术和语言的结合，词语和图像一起奏效的方式

马林：我们该不该认为你的作品里有论述女性主义的部分？

史密斯：一般情况下，我总说自己作为公民是女性主义者，但我不希望我的创作被拿来和某种说教或意识形态相关联。而与此同时，我的作品反映了我在日常生活中的兴趣、忧虑和迷恋。因此，创作人体雕塑、人体内部或拟人形象时，我显然会从人的视角，或女人的视角去创作，一个有确切身份的、在世间生活和游走的人。大多数情况下，我会用女性的形态。

马林：你认为男性和女性在创造艺术的方式上有何区别？

史密斯： 总体而言，我相信女性超现实主义者和弗里达·卡罗这样的艺术家会从她们的私人体验中汲取灵感和动力，并用她们自己的身体和形象作为表达的媒介。我不是在说杜尚没用过他自己的形象，但他是伪装成一个女人去做的。

在我看来，女性艺术家在创作中使用自己的身体是现代艺术萌发的主要因素之一，因为那把微观和宏观联系了起来。它把艺术从个人层面带到了政治层面。我认为弗里达·卡罗代表了现代艺术的开端。如果你去看 20 世纪 70 年代那些用自己身体创作的艺术家，不妨好好想想——要不是有这些女性比他们更早地用自身创作，他们说不定也没法实现这种创作方式。19 世纪的女人在照相时过度表现自己，但你仍感受到一种不带个人色彩的因素。那只是把自己当作主题的一种方式，但也不失其可塑性。

马林： 你的作品多次被和南希·斯佩罗[5]的作品相提并论，你们都把女性的身体描绘成一个反抗和越界的场所。

史密斯： 我非常欣赏她的作品。她在我心中就是一个英雄。她的作品寓意鲜明，而我的游移不定，所以有时很难捕捉到我作品背后的原动力。在某种程度上，她的作品具有明确的反抗功能——她就这一点有过不少极有说服力的发言。我对她的创作方式着迷，版画是她的专长。

我的意思是，她是作为年轻画家起步的，但随着生活环境的变化，逐渐转向了版画创作。就我而言，版画这一形式对我的创作非常重要。因此，我很感兴趣她是怎样把自己的绘画作品拼贴起来的，我总是为她的创新而折服。她会反复使用同一些图像，但每个图像出现时又都独一无二。

马林： 你们都把图像用作语言。

史密斯： 是的。她很聪明，很擅长运用历史图像，同时也风趣地独创了一些图像。她运用那些图像的时候，没有让人觉得她只是在回收、利用它们。纵观艺术史，在讲求政治正确的时代里，人们理论上不该去关注别的东西，不该创造出和世界上其他任何文化有关联的作品。而她顺畅地做到了这一点，并且没有丝毫不敬的姿态。她在使用语言和形象方面也很出色。这方面我不太涉猎，但我一直为之着迷。我热爱艺术和语言的结合，词语和图像一起奏效的方式。我对此非常感兴趣，哪怕在我的作品中并不太明显（笑）。她在这方面是很成功的。

马林：墨西哥文化似乎也对你的创作产生了影响。你引用了何塞·瓜达卢佩·波萨达[6]、索尔·胡安娜·伊内斯·德·拉克鲁兹[7]以及墨西哥亡灵节的相关仪式。

史密斯：是的。我在 20 世纪 80 年代去墨西哥体验了亡灵节，后来又游历了尤卡坦半岛。当时，我父亲刚去世不久，所以，复活，或者说让逝者永存的概念对我来说是一种安慰。亡灵节的庆典有趣又甜蜜，人们制作的一些小玩意儿，比如滑稽的骷髅小塑像，都让我精神振奋。那次旅行前的一年里，我的作品全都是关于死亡的，因为当时我在面对父亲的去世。但墨西哥改变了我的作品，它们成为有关生命的创作。我旅行回来后就制作了生命主题的画。其中一幅名为《我如何知道我在这里》（How I Know I'm Here）。

此外，回想乌斯马尔的旅行，我记得那里有一尊墨西哥神像，形状就像一只伸到建筑外的鼻子——身体的一个局部被用作了装饰性的主题。把人体局部当作主题的想法启发了我，我回来后用赤土做了个都是舌头的屋子，配以有关身体不同部位的西班牙语影片，在钟楼画廊展出。我还去了瓦哈卡，在行乐出版社（Carpe Diem Press）与詹姆斯·布朗和亚历山德拉·布朗夫妇[8]合作。我们与制版工人合作，做了动物尸体的版画。

马林：不知道你有没有去参观墨西哥城或瓦哈卡的古代建筑群？那些遗址里的雕像震撼人心。

史密斯：是的。我觉得科亚特利库埃雕像（Coatlicue statue）特别有力。它的形状本身就很有震慑力，像块巨石。总的来说，特奥蒂瓦坎[9]的很多雕像都是代表着不同事物的脸。我想那是用黏土模具压出来的，尽管如此，还是极具启发性。通过不同层次完成一个雕像——我一直对这一想法颇有兴趣。你看到的雕像是一张脸，但每一层都展现出不同的形象。我花了好几年创作多层次的雕塑，但并没有做出太多，我想做出更多这样的雕塑。

马林：我最近在读关于弗朗西斯·埃利斯的行为艺术作品《现代游行》的文章。[10] 你在其中代表了在世的偶像，能跟我说说那次的体验吗？

史密斯：他们邀请我参与时，我的第一个想法是，他们肯定在我之前已经请过十个人了，而那些人都明智地拒绝了！但我很喜欢弗朗西斯·埃利斯的作品。我见过他几次，觉得他是个很好的人。由于这两个原因，我就同意参加了。

后来，我穿上自己最好的裙子，他们要抬着我走好几公里呢，对他们来说，我大概不够轻盈。很好玩，因为我觉得自己特别像自己——比这辈子任何时候都更像！我被抬到十或十二英尺[11]高的半空时感觉非常惬意。走到皇后区，我才下来。然后换回便装，坐地铁回家（笑）——我回到了脚踏实地的现实生活中。我确实相信那场游行在某个方面与我的个性完全契合，因此，我在游行中才会觉得那么自在，你知道，我不像玛丽娜·阿布拉莫维奇那样直接用自我、用身体进行创作。我过着相当平淡、朴素的生活——但这事儿太有趣了，让我有种如鱼得水的感觉。

马林：越来越多的艺术家成了名人，你对此有何看法？

史密斯：自古至今，艺术家常常都会变成名人。同样，名气必须和艺术家的作品有关联。名声对艺术家及其作品来

In my opinion, the fema
artist's use of her own
body in art is one of
the major elements in
beginning of modern a
It takes it from the
personal to the politica
I believe that Frida Kah
represented the begin
of modern art

在我看来，女性艺术家在创作中使用自己的身体是现代艺术萌发的主要因素之一。它把艺术从个人层面带到了政治层面。我认为弗里达·卡罗代表了现代艺术的开端说是好事，也很有用，但前提是，名声只能是因作品而生的。

马林：想独处的话，你会去哪里？

史密斯：我总是一个人待着的。在我生命的大部分时间里，我都是独自生活的，当然现在不是了。但我认为和以前没区别。

马林：在职业生涯的哪个节点，你觉得自己是个成功的艺术家了？

史密斯：我想这种感觉主要来自你对自己作品的私人体验；你可以把精力都投入创作，然后让作品把你所投入的东西反映给你。最后的结果就是，作品给你带来了一些满足感，但那只是暂时的。我知道人们在 20 世纪 90 年代就是这样感知到我的作品的。然而，我认为创作上的成功转瞬即逝。从某种意义上说，我相信让你不断前进的是不满足感。

马林：你担心自己被过度曝光吗？

史密斯：不，我不考虑这种事。我住在纽约，不过这几年里一直住在纽约上州。我把大部分时间都花在了思考手头正在创作的东西上。如果它碰巧散架了，我就得想办法重新整合。我相信，在某种程度上，事业上的事不是我自己的事。我要关心的是我的创作、我的生活，并牢记我们活着的时间是有限的。而且，觉得自己在做的事对别人有意义，这种感觉总是好的，能够感到自己对于自身以外的东西好歹也是有用的——这是一种特权。

马林：你对卡塞尔文献展、威尼斯双年展这样的大型国际艺术展有什么看法？

史密斯：我没去过很多艺术展，但我觉得，能在一个地方看到来自世界各地的艺术家是很棒的体验。那会有助于艺术家与自己竞赛，因为艺术展的空间要求作品更有野心、更有戏剧性或有更大的格局。此外，大型展览也会给艺术家们提供一些他们平常没有的机会。

马林：关于你自己，你能做的最诚实的表述是什么？

史密斯：我很复杂。

1 露西·利帕德（Lucy Lippard，1937— ），美国知名作家、艺术批评家、活动家和策展人，曾在 20 世纪六七十年代组织了一系列概念艺术及女性艺术展览。

2 理查德·塞拉（Richard Serra，1939— ），美国极简主义雕塑家，被誉为"艺术界的钢铁之父"，以大型钣金作品闻名。

3 《尾事》（*Tale*），英语中"故事"（tale）和"尾巴"（tail）发音相似，作品的标题有双关之意，后文将展开。

4 安东尼·彼得·史密斯（Anthony Peter Smith，1912—1980），美国著名极简主义雕塑家、视觉艺术家、建筑设计师。

5 南希·斯佩罗（Nancy Spero，1926—2009），美国著名女性主义艺术家、社会活动家，在其五十年的创作生涯中，从各种文化、时代中的原始女性形象中汲取灵感，以女性为主人公，重新讲述历史。

6 何塞·瓜达卢佩·波萨达（José Guadalupe Posada，1852—1913），墨西哥国宝级画家、雕刻家，擅长使用骷髅元素，作品颇具政治讽刺色彩。

7 索尔·胡安娜·伊内斯·德·拉克鲁兹（Juana Inés de la Cruz，1648—1695），墨西哥作家、哲学家、作曲家、诗人，十六岁进入修道院从事研究和写作，是新西班牙圣哲罗姆派的修女。

8   詹姆斯·布朗（James Brown，1951—2002），美国画家，活跃于巴黎与墨西哥瓦哈尔州，以粗糙的半具象绘画作品而闻名。他的妻子亚历山德拉·布朗（Alexandra Brown）也是艺术家，二人曾一起与各类艺术家展开多种合作。

9   特奥蒂瓦坎（Teotihuacan），印第安文明的重要遗址，位于墨西哥城北约四十公里处，公元 1 世纪至 7 世纪建造的圣城，有"众神之城"的美称。

10   弗朗西斯·埃利斯（Francis Alÿs，1959—   ），居住在墨西哥的比利时艺术家，1986 年放弃建筑师职业，移居墨西哥城。他的作品和行为艺术探索了城市文化与地缘政治，作品媒介包括绘画、行为艺术等。《现代游行》（The Modern Procession）是由他策划，并由公共艺术基金与纽约现代艺术博物馆合作组织的行为艺术活动。2002 年 6 月的一天，上午 9 点，游行队伍从位于纽约曼哈顿 53 街的纽约现代艺术博物馆前开始，穿过曼哈顿中城、皇后大桥，进入长岛，最后到达位于皇后大道的纽约现代艺术博物馆皇后区分馆（MoMA QNS）门口结束。游行旨在向纽约现代艺术博物馆的历史致敬，并寓意将艺术带到街头。奇奇·史密森作为当代艺术的代表，坐在游行队伍中的木车上，被众人抬着完成了游行。

11   1 英尺约合 30.48 厘米。

OR

L

AN

ORLAN
奥兰

PARIS，2015

奥兰 1947 年出生于法国的圣埃蒂安。奥兰是她自己起的名字，并总是把每个字母都大写：ORLAN。她通过很多媒介进行创作，包括摄影、录像、雕塑、绘画、装置、表演和生物技术。她也是第一个将整形外科手术用作媒介的艺术家。在决意把自己的身体作为测量单位用于创作后，她在 20 世纪 90 年代进行了数次与外科手术同步的行为艺术表演，艺术理念也随之越来越激进。这些表演旨在根据社会所定义的美学标准，大幅改变自己的外貌。每一次表演都基于一个哲学、心理分析或诗歌文本。

我在奥兰的巴黎工作室见到了她。伴着一杯红酒，她畅谈美与科学。奥兰展现出对重新定义自己的肉身及身份的热望。她的作品质疑了宗教、政治和文化向人类身体施压的方式，并在肉体上留下了印记，利用科学、技术和医学发现的同时，也向它们发起了挑战。

My work is geared against pain, and toward the pleasure-body

我的作品指向痛苦的反面，指向肉身的愉悦

乌戈·韦尔塔·马林：你是一位全身心投入身体美学研究的艺术家。那么，请允许我先问一问，你的美学观是什么？

奥兰：美是一种具有支配性的意识形态。我们为自己设定的"美的标准"只在短暂的片刻、特定的地点成立。

马林：你是否认为这些标准的根基就是你创作的核心？

奥兰：我的创作穿过所有强加在肉身上的政治、宗教和文化压力，质疑身体在社会中的地位，特别是——且不仅是——女性的身体。可以这么说：我的作品质疑了美的观念。

马林：性在这个过程中有什么作用？

奥兰：作品质疑的是主导性别的文化准则，而不是性本身。不过，我也做了《艺术家之吻》[1]，在那个作品中我出售"法式热吻"；还有《战争的起源》（*The Origine de la Guerre*），呼应库尔贝的《世界的起源》[2]。

马林：能谈谈你一系列整形手术作品的缘起吗？

奥兰：当时，我正在读拉康派精神分析学家欧仁妮·勒穆瓦纳-卢乔尼[3]的一篇文章。她的书《袍子》让我产生了一个想法：我要创造一系列外科手术表演。

马林：对很多人来说，改变身体特征似乎是不可接受的事。你是刻意要去打破社会结构或刻板观念吗？

奥兰：我要打破世俗习惯和先入为主的成见，去质疑我身处的时代。大多数人没有意识到自己一直在用五十年前、一百年前，乃至更早的观念生活着。但我们的生活方式已发生了巨变，可以办到的事也和以前大不相同了。比如说，脸部移植就在我通过手术进行自我雕塑这一方面带来了挑战。

My work questions the
status of the body in so
through all the politica
religious, and cultural
pressures which fall up
the flesh, especially—
not only—those of wo

ety

n

t

n

我的创作穿过所有强加在肉身上的政治、宗教和文化压力，质疑身体在社会中的地位，特别是——且不仅是——女性的身体

马林：你的作品似乎很抗拒传统……

奥兰：传统永远是个好借口，它确保了万事不变，质疑一切革新，怀疑我们时代的所有新发现，拒绝接受现在和未来所有可能实现的新发明。传统带来的祸害太多了。

马林：你认为痛苦对艺术家来说很重要吗？

奥兰：可以这么说，但对我的创作来说并没有那么重要。相反，我的作品指向痛苦的反面，指向肉身的愉悦，正如我的《肉体艺术宣言》[4]中提到的那样。

马林：你在作品用到了很多让人联想到各种文明的文化符号，把前哥伦布时代、非洲和印第安文明统合融入了你的意象。所以，对你来说，文化身份是一个关键概念吗？

奥兰：我第一个阶段的创作涵盖了西方文明，质疑了基督教文化和我自己的身份。第二阶段，也就是外科手术中的行为艺术表演，起到了承上启下的作用，因为在我第三阶段的作品里，经由这些步骤，我为自己构造了一个新形象，并用这个形象再创造新的形象。在这个第三阶段的创作中，我开始对西方文明以外的文化越来越有兴趣，我用到了前哥伦布时期的雕像，把它们和我的新面孔杂糅在一起，引申出新问题。最终，这种尝试从泥土和石头中创造出了一种变异的肉身，将两种文明、两种艺术实践结合在一起。

马林：从这个意义上说，理论家居伊·德波[5]提出当今时代"宁要符号，而非符号指代之物；宁要表象，不要本质"，你同意吗？

奥兰：两者可以共存。

马林：走下手术台，开始雕塑创作，你的心态有什么变化？

奥兰：我一向对材料不感兴趣，也不痴迷古代和现代的任何技术。当我有一个想法或一个概念之后，我会努力去找最好的材料展现概念的本质。每件作品都会把一切再次带回问题，把我带回到质疑中去。

马林：图像和语言显然对你很重要……

奥兰：我的许多作品都源自阅读。每一次手术现场的行为表演都基于一个精神分析、哲学或文学的文本。

马林：在你所有的藏书里，你觉得哪些书最有价值？

奥兰：很多很多。德勒兹的《褶子》（*Le Pli*）和《差异与重复》（*Différence et répétition*）。

My body has become a space of public debate. For me, it's difficult to handle it in real life, as I'm often recognized, photographed, and questioned

我的身体已成为公共辩论的空间。对我来说，很难在现实生活中处理好这件事，因为我总是被人认出来、拍照、质疑

马林：你认为艺术有责任提出哲学问题吗？

奥兰：我认为艺术家担负了责任。我们不是树上的忘忧鸟，只知道叽叽喳喳地叫，完全没有意识到树下发生了什么。我们需要——和其他公民一样——对发生在全世界和我们社会里的事件持有立场，我们不是"局外人"。

马林：如果说你的作品里蕴含着宗教性、神圣感，你会同意吗？

奥兰：我对自己所处的犹太-基督教文化有所怀疑，但我很愿意接受一个没有宗教的世界，那样的话，仇恨和战争都会少一点。约翰·列侬的《想象》（"Imagine"）。

马林：你的艺术创作和时尚有明显的关联。你与时尚保持着怎样的关系？

奥兰：我和时尚的关系挺矛盾的，因为我的大部分作品都需要特别的服饰和道具。我的巴洛克系列既是雕塑，也是裙装，是用我压箱底的床单或人造革做的。我还通过手工、气泡膜、大理石、树脂或 3D 打印做了褶裙雕像。每一次外科手术表演过程中，医疗团队和我自己的团队成员都会由帕科·拉巴纳[6]、Lan Vu、三宅一生……或由我自己来精心装扮一番。

除此之外，我还保留了自己从十几岁到现在的全部行头，用玛鲁西娅·勒贝克、大卫·德尔芬和阿加莎[7]等设计师的作品混搭，做出新的设计。这些作品曾在某次表演中的时装秀上展示过。在我于南特艺术博物馆举办的个展《被迫沉默》（*Un Bœuf sur la langue*）中，我自己做了一种丝绒，并且用它设计了一条裙子，穿在涂成黑色的人体模特上。我与时尚的主要冲突在于，它对身体的暴力施压，让它不得不去遵循一套单一的、脱离肉体本身的身体理念。然而，人并不只有一个躯体，不如说有好几个。

马林：你认为自己是女性主义者吗？

奥兰：长久以来，我一直自认为是女性主义者。我做过很多声明，我举着一个标语，"我是一个男人和一个女人"。当时，我贯彻的是人文女性主义。现在，随着各方面的压力，我会更大声、更清晰地宣布：我就是女性主义者。世界上有成千上万的女人没有言论自由，在性和家庭方面都受到奴役，没有机会获得医保，还可能被家暴、被性侵、被杀害，所有这些女性都需要有人——那些确实拥有多一点点自由的人——去捍卫她们的权益。

马林：你认为，对女性而言，艺术界在这几十年里有什么变化？

奥兰：没太大进步。对女性艺术家来说，一切依然非常困难，尤其在被承认、被关注、被理解这方面。

马林：你与哪些年轻艺术家惺惺相惜？

奥兰：埃梅里克·吕塞、奥德丽·科坦 [8] 和塔尼亚·布鲁格拉。

马林：越来越多的艺术家成了名人，你对此有何看法？

奥兰：我的身体已成为公共辩论的空间。对我来说，很难在现实生活中处理好这件事，因为我总是被人认出来、拍照、质疑。

马林：想独处的话，你会去哪里？

奥兰：我从没一个人待过，但这不妨碍我置身于自己的小世界里。

马林：你担心自己被过度曝光吗？

奥兰：一个人永远不可能被过度曝光。我们有死亡来消失、休息、获得安宁。

马林：最能带给你灵感的是什么？

奥兰：阅读、科学、医学、遗传学、生物科技……

马林：你对卡塞尔文献展、威尼斯双年展这样的大型国际艺术展有什么看法？

奥兰：我挺喜欢这两个大型展览的，尤其是威尼斯，你在那里可以看到来自世界各地的许多作品。但它们始终只会展示那些在某种意义上已经有名气，或者说已经在艺术圈立足的人。

马林：关于你自己，你能做的最诚实的表述是什么？

奥兰：尽己所能做到最好，别人爱说什么说什么。

1　　　　《艺术家之吻》（*Le Baiser de l'artiste*），是奥兰在
　　　　1977 年于法国当代艺术博览会（FIAC）上进行的一
　　　　次行为艺术表演。奥兰在宛如圣坛的平台一端摆上
　　　　自己装扮成圣母形象的面板，另一端由她本人装扮
　　　　成一台"自动亲吻贩售机"，以 5 法郎一次的价格，
　　　　把自己的吻"卖"给来访的每一个观众。
　　　　这一兼具行为和装置特性的作品在当时造成了强烈
　　　　的社会舆论，奥兰以坦然的姿态邀请观众参与其中，
　　　　撕开文明表象下种种被刻意忽视的对立与矛盾。这
　　　　场行为艺术实践成了奥兰艺术生涯的重大转折点，
　　　　也使得她一举成为法国前卫艺术的代表人物之一。

2　　　　居斯塔夫·库尔贝（Gustave Courbet，1819—1877），
　　　　法国著名画家，现实主义画派的创始人。《世界的起
　　　　源》是库尔贝于 1866 年创作的一幅画作，表现了一
　　　　个裸体女子的躯干、腿部及生殖器。

3　　　　欧仁妮·勒穆瓦纳−卢乔尼（Eugénie Lemoine-
　　　　Luccioni，1912—2005），法国精神分析学家、作家
　　　　和文学评论家。下文提到的《袍子》（*La Robe*）是
　　　　她 1983 年出版的论文集。

4   20 世纪 90 年代，奥兰开启了她名为《圣奥兰之重生》的系列，震惊世人——她把当时最尖端的外科手术作为艺术创作的手段，对自己的身体做了九次"改造"。在此之后，她发表了《肉体艺术宣言》（"Carnal Art Manifesto"），将自己的创作手法命名为"肉体艺术"。

5   居伊·德波（Guy Debord，1931—1994），法国哲学家、导演，字母主义国际的成员，情境主义国际的创始人之一。代表作包括《景观社会》等。

6   帕科·拉巴纳（Paco Rabanne，1934— ），西班牙著名时装设计师。

7   玛鲁西娅·勒贝克（Maroussia Rebecq，1975— ），法国著名时装设计师。
大卫·德尔芬（David Delfín，1970—2017），西班牙著名时装设计师。
阿加莎·鲁伊丝·德·拉普拉达（Agatha Ruiz de la Prada，1960— ），西班牙著名时装设计师。

8   埃梅里克·吕塞（Emeric Lhuisset，1983— ），法国视觉艺术家。
奥德丽·科坦（Audrey Cottin，1984— ），法国多媒体艺术家。

J

IAN

NE

UL

JULIANNE MOORE
朱莉安·摩尔

NEW YORK, 2018

朱莉安·摩尔曾获奥斯卡奖、英国电影学院奖和艾美奖，也是第一位拿到柏林、威尼斯和戛纳电影节最高表演奖大满贯的美国女演员。她还凭借系列童书《雀斑小草莓》（*Freckleface Strawberry*）成为《纽约时报》最畅销作家。2015年，她成为非营利组织"为每个城镇带来枪支安全"创意委员会（Everytown for Gun Safety Creative Council）的创始主席，这个社群旨在协力扩大美国反对枪支暴力的运动。

朱莉安的家位于纽约西村，我敲了门，惊喜地看到她和两条欢快的小狗一起来欢迎我。这位银幕上的传奇人物身着一条闪亮的靛蓝色裙子，让我难以移开目光。朱莉安总是不按常理出牌，她的家就映照出了这一点：这是一栋典雅而漂亮的褐石建筑，而内部的艺术收藏品为之添上了微妙而富颠覆性的一笔。同样，交谈中，她也喜欢冒险；她散发着温暖的气息，也保有某种锐气。朱莉安·摩尔是一位出色的演员，也是一个引人注目的谈话者；她燃起话锋，并邀请你成为一手的见证人。

乌戈·韦尔塔·马林：让我们从头开始聊起吧。有哪些电影影响了你，让你成了演员？

朱莉安·摩尔：如果要具体说是哪一部，我还真不知道怎么回答。但回顾过去，从小到大，你知道，我们家不会去剧院，总是去电影院，只是为了消遣。我们家搬到阿拉斯加的朱诺市时，我在读五年级，所以肯定是十岁或十一岁。朱诺有一家电影院，每周六都会播放一部电影，每周都不重样，因为朱诺人口真的很少，所以，只要你去，总有不同的电影在上映，不管放什么我们都去看，换句话说，所有人都会去看类似《猫儿历险记》（*The Aristocats*）那样的电影。但我也在那儿看了《明妮与莫斯科威兹》（*Minnie and Moskowiz*），约翰·卡萨维蒂[1]的电影，那是我十岁的时候；我还看了《伊万·杰尼索维奇的一天》[2]。真的，我在那儿看到了各种各样的电影。那是我第一次意识到电影是一种媒介，一种交流方式，而不仅仅是娱乐。所以，不管那个电影院排片的人是谁……（笑）

马林：（笑）都对你的人生产生了巨大影响。

摩尔：没错，确实如此。

I think that the trick of acting is to be alive on camera, and I think when people see that, they feel the scene

表演的诀窍是在镜头前保持鲜活，人们看到这种表演时才会感觉身临其境

马林：现在，对你而言，怎样才算好剧本或有趣的项目？

摩尔：一个项目要有意思，必须要有好剧本。对我来说，有很强的语感很重要。我一直在寻找有强大感染力、充满人性的故事。我在找有情有理、能反映某些真相的故事。即便是奇幻故事也需要有真实的人类困境、真实的意义。重要的是反映人类的真实状况。

马林：你在职业生涯中已经奉献了很多广受好评的表演。你觉得自己最激进的表演是在哪部作品里？

摩尔：我不知道。说来好玩，我觉得我做的任何事都不算

特别激进。我想要真实。我不希望别人看到我的表演时觉得在看虚假的东西。所以，在这一点上，表演不应该让你吃惊。我想要一种让我更贴近自我、更接近我对某些事物的真实理解的表演。我认为表演的诀窍是在镜头前保持鲜活，人们看到这种表演时才会感觉身临其境。

马林：我记得在《木兰花》（*Magnolia*）中的一个场景，你在药店里崩溃了，那场戏让我久久难忘。那部电影在很多层面上阐释了痛苦这个主题……

摩尔：哦，是的。

马林：为什么痛苦对艺术家来说那么重要？

摩尔：我觉得痛苦对每个人都很重要，认识到每个人都有不同程度的不适、痛苦或不快乐是很重要的。如果你认为这些情绪中的任何一种只发生在你身上，你就错了。我想，艺术家在试着做的是挖掘一切让我们有共鸣的、一切普世存在的东西，并始终将它们纳入作品中——他们试着找到方法去展现这个观点，即每个人都在一定程度上感到痛苦。

马林：另一个让我难忘的角色是你在《谋杀绿脚趾》(*The Big Lebowski*) 中……

摩尔：哦！（笑）

马林：（笑）与女性赋权的强势对抗。你为什么对那个角色有兴趣？

摩尔：那个剧本很精彩。写得很好，结构也非常精巧。科恩兄弟是当之无愧的电影奇才——他们的剧本在语言方面拥有惊人的魅力。他们的用词那么精准，那么充满个性。很好懂。你只需按照他们写的去演就可以了。我那个角色的灵感来自他们遇到的一个人——一个德国行为艺术家。很明显，这个人物对他们来说是非常具象的，我也记得20 世纪 80 年代在纽约的时候，行为艺术盛行，到处可见，我认识很多人简直就是活在行为艺术中，并且以那种方式表演。所以我就欣然接受那个角色了……

马林：你那时对行为艺术感兴趣吗？

We are doing it as a ref
ourselves and as a way
with other human bein
you are taking somethi
is the utmost personal
you and throwing it out
the world for other hur
consume, absorb, or cc

ction of
connect
. So,
that
ing to
ere into
ns to
ect to

我们通过艺术反映我们自身，并与他
人产生联结。你把最私人的部分提取
出来，扔到外面的世界，让别人去消
化、吸收或与之关联

摩尔：是的，那些表演很有趣。我喜欢看，但不确定自己是否想去表演……但我喜欢艺术，我喜欢任何有感染力、能激发感受的东西。我不喜欢的是人们把艺术当谈资（笑）。你懂的，就是告诉人们那是什么或有什么寓意……难道不应该让我自己去感受吗？行为艺术让人着迷的原因之一就在于，只要你去看，立刻就会有感受。这一点在我演那个角色时很重要，那是很棒的体验——能演一个对自己、对自己的艺术都有超强意识的角色，而且正如你所说，她很自信。你看，现在有人在谈论她的艺术，并活在这个大千世界里，但你永远不会知道她的艺术到底是什么。我认为，在电影中，人们谈论艺术时，有时会显得就事论事——当你看到某人在画画或雕塑时——那多少会削弱艺术的魔力。

马林：我觉得视觉艺术和动态影像之间的关联很有意思。你认为艺术是如何影响电影的？

摩尔：很巧，我今天正好在想这个问题。我觉得两者当然有关联，特别就其构成而言。电影是一种视觉媒介，当我们谈及影视时，很有趣，因为电视更偏重语言，提供不了足够多的视觉感受，而电影绝对偏重视觉。你如何构思一个镜头，如何讲故事，都取决于你能多好地运用视觉手法。

我认为很多伟大的电影人都对艺术感兴趣，也花了很多时间去研究它们，观察其构图，以及我们的视线如何在画幅上移动。我一直说导演的职责不在于指导表演，而在于引导观众的视线在电影中移动。导演告诉你该往哪儿看、看什么；他们在指导的是观众，通过视觉去指导。如此说来，我认为电影与视觉艺术之间确实存在很强的关联性。

马林：纵观电影史，你希望参演谁执导的电影？

摩尔：哇，这是个有趣的问题……我从没想过。我能与罗伯特·奥特曼[3]合作真的非常幸运。我竟然出生在一个可以和奥特曼合作的年代，不可思议，因为我认为他是我们这个时代最重要的电影人之一。回答你的问题，可能是比利·怀尔德[4]吧，我觉得他有种温暖人心的力量，个性也特别有感染力——非常有趣的共情力。

马林：有人对我说过，能在不计后果的状态下创作对艺术家来说特别重要。如果在表演过程中出现意外或偶然事件，你认为会起到什么作用？

摩尔：作用太大了。首先，我总会预先做好大量的准备工作。我会熟读资料，做一切功课，但当我真的身在片场时，资料什么的都得抛之脑后，我必须以无意识的状态开始表演。我无法决定接下去做什么，所以只能等待。我的想法就是，要让自己有备而来，我要熟悉所有背景资料，这样不管在镜头前遇到什么状况，我都能应付。拍电影时，我往往刚拍完一个场景就不记得自己做了些什么。就好比经历了一次昏厥，因为你其实希望事情就这样在你身上发生，而有时候当它真的发生了，你自己什么都不记得。

马林：这太神奇了……我以前在书上看到过，大量肾上腺素会诱发短期记忆丧失。要这么说的话，朱莉安·摩尔是在哪里消失，那个无法辨别的虚构角色的声音又是从哪里开始的？

摩尔：所有的艺术都与艺术家有关，我认为，这正是我们做艺术的原因。我们通过艺术反映我们自身，并与他人产生联结。你把最私人的部分提取出来，扔到外面的世界，让别人去消化、吸收或与之关联。所以，我表演时并没有一个刻意的开始或结束。透过我自己，我把我交给另一个人——那个角色。我一定会全身心投入地创造那个角色，因为我在用自己的身体。我可能没法从理论上告诉你我是从哪里开始的，画家或作家可能也无法回答，但它似乎都是透过"自我"这个筛子完成的。

We are not fortune-tellers.
We are always reflectors

我们不是预言家。
我们始终是镜子，映现这一切

马林：在你看来，演员在社会上扮演了什么角色？

摩尔：好吧，这里有一个问题：我们如何知道一个人是好演员还是坏演员？如果你没有接受过训练，或没有关于表演的知识，你可能分辨不出来。作为观众，如果你突然对某人（的表演）有所响应，你不会在第一时间明白自己为什么会有那种反应。当一个演员的表演能带来真人的感觉时，会让你产生"等一下！那是个真实的人！等等，不，那不是真的，他只是个演员，演了个故事，他们都是装的，但看起来这么真实！"的念头；而假如无法令人产生这种念头我们就会认为那个戏不好，那是个坏演员。所以，在真实社会中的演员有时是化身——他人的希望、欲望和兴趣的化身。

马林：一种投射。

摩尔：是的。人们会把自己的想法和感受投射到他们身上……但他们并不总是正确的，因为显然，这里有一种分割——人们投射出去的东西是他们的，不是你的。所以，我认为演员要清楚自己是谁，站在什么立场上，自己的职责是什么，这非常要紧。因为社会给予的很多关注都是围绕我们的工作的，而不是我们本身。

马林：你认为政治和电影有内在的纠缠吗？

摩尔：哦，当然。每当有人说电影在"引领潮流"时，我总会说它们没有。艺术总是在反映文化界、政界和世界当下的动态。我们不是预言家。我们始终是镜子，映现这一切。在世界或文化界的某个地方，总有些事将要发生，有些种子正在萌生，留待艺术家去捡拾、阐发。所以，是的，我想我们是文化的反映者。

马林：我可以看出你和你作品关注的一大主题就是人类的境况，而且，非常有趣的是你一直在探讨"行为不代表性格"，行为会随着不同场域发生变化。

摩尔： 嗯，如果你经常旅行，就会明白一点。如果你在一个城镇住了很久，大家都说一样的语言，都来自同一个种族，你会看到人们的行为方式很趋同——讲话很相似，穿着打扮也差不多，诸如此类。也会有些不一样的，但你要去注意那种文化和社区的构成元素，他们如何行动、如何跳舞、如何交谈……然后你去到别的地方，一切完全不同了——人们交谈、穿衣、行动的方式，甚至天气都不一样了。再一次，你又会注意到，我们的人性中有一些相似之处是始终不变的。有一些普遍存在的东西和生而为人有关，但未必和举止行为相关。

因而我们不得不说，一个人说话、走路、穿衣或打手势的方式可能与文化、社区、民族身份等因素有关，但未必总是能说明这个人是谁。相反，那是他们认同自己的生活方式的结果。你必须看透这一切，才能了解他们是谁。我们所做的一切都以这种或那种方式变成符号，但我们要小心不去评价"啊！这个人好呆板"。其实并不是……也许是因为他们的文化有约束力。你必须透过那些似乎定义了我们的东西去看事物。

马林： 你的美学观是什么？

摩尔：我认为最美的是给人亲近感、真实感和有人性的东西。

马林：我发现你参与的许多电影的拍摄方式都很美。这是你接片时首要考虑的因素吗？

摩尔：我想我之所以参与了许多拍摄精美、构图精美的电影，是因为我所选择的与我共事的人——运镜拍摄的人，是他们把意义置于画面中。这就是我喜欢电影的原因，因为你可以通过构图、配色或运镜来传达意义——这一切对我来说都很有趣。我想到了《请以你的名字呼唤我》（*Call Me by Your Name*）这样的电影，你知道，导演卢卡·瓜达尼诺（*Luca Guadagnino*）在构图、色彩和取景方面都无可挑剔，但他最让人惊艳、最完美的成就在于，他又凸显出了这么多的人性和感官感受。你看得到他们的皮肤，他们吃的东西、穿的衣服——所有这些细节在他看来都很重要。属于尘世凡人的一切对他来说都很重要，我觉得这在我看来就是美。没有距离感；它让人感到亲近。

马林：越来越多的艺术家成了名人，你对此有何看法？

摩尔： 我觉得那是两码事。名人是众所周知的人，但他们不需要做什么而被众人所知。艺术家则是一直努力针对人类的生存状况发表观点的人。

马林： 最能带给你灵感的是什么？

摩尔： 杰出的文学作品。我发现阅读能带来不可思议的灵感。我的朋友黛博拉·艾森伯格[5]让我为她的一则短篇小说做有声书，她真的是个杰出的作家。我一直在想："她是怎么写出来的？"她的洞察力深深打动了我，她的作品让我十分感动，所以我一直在想："要更细致地去观察事物，扎实地研究、思考，还要试着像她那样去拓展。"

马林： 你有没有反复做的梦？

摩尔： 现在没有了。我还是小孩子的时候做过——都是那些吓人的梦。但我一直很好奇：我做过多少个梦？有多少梦像电影？我觉得每个人的梦都很像电影。

马林： 你对戛纳这样的大型电影节有什么看法？

摩尔：我热爱电影节。对我来说，这是遇到很多同行、同事的好机会，说不定还能遇到我想结识的人，或者没机会经常碰面的外国演员。想象一下，在柏林，在戛纳，在威尼斯，见到那么多电影人和对电影感兴趣的人……我也喜欢看电影。我看过一部在戛纳电影节上映的波兰电影，叫《冷战》（*Zimma wojna*），拍得非常精致，结果看完后一扭头，发现导演和演员就在我身后，我为他们鼓掌，并在电影首映式上向他们表示祝贺。说真的，这是多难得的机会啊！这是我喜欢电影节的原因。

马林：关于你自己，你能做的最诚实的表述是什么？

摩尔：我很执着。

1　约翰·卡萨维蒂（John Cassavetes，1929—1989），美国电影导演、演员与制作人，被认为是美国独立电影的先驱。

2　《伊万·杰尼索维奇的一天》（*One Day in the Life of Ivan Denisovich*），芬兰导演卡斯帕·弗雷德（Caspar Wrede）根据亚历山大·索尔仁尼琴的小说改编的电影，1970 年上映。

3　罗伯特·奥特曼（Robert Altman，1925—2006），美国著名导演，曾获奥斯卡金像奖终身成就奖、柏林电影节金熊奖，以及威尼斯电影节最佳影片金狮奖和终身成就金狮奖等。朱莉安·摩尔曾在 1993 年出演他执导的《银色·性·男女》。

4　比利·怀尔德（Billy Wilder，1906—2002），美国导演、制作人与编剧家，也是美国史上最重要和最成功的导演之一，在好莱坞的历史上有着重要的影响。其代表作包括《七年之痒》《日落大道》《控方证人》《热情似火》等一系列大众熟知的电影。

5　黛博拉·艾森伯格（Deborah Eisenberg，1945—　），美国著名短篇小说家、演员、教授。

IN

INEZ VAN LAMSWEERDE
伊内兹·范·兰姆斯韦德

NEW YORK, 2019

E

Z

伊内兹·范·兰姆斯韦德在探索视觉新领域方面似乎拥有无穷尽的能力，她和维努德组成的摄影双人组"伊内兹和维努德"（Inez and Vinoodh）成为 20 世纪 90 年代初涌现的第一批数字影像创作者，向人们展示了数字成像技术足以成为一种富有创造力且意义深远的新媒介。他们开创了一种标志性的风格，充满诱惑力的视觉体验，配以极具挑衅性的叙述，为摄影注入了全新理念。自 20 世纪 90 年代初以来，他们发表了许多开创性的社论，作品屡见于时装品牌的活动和视频，他们也进军电影界和视频艺术界，执导了许多富有革新意味的音乐影片。

伊内兹和维努德的工作室位于纽约诺利塔区，极富 20 世纪 70 年代风格的复式公寓，摆满了鲜花、艺术品和他们自己设计的家具。我见到伊内兹，她热情又智性，直言不讳，无论在其艺术作品中，还是在现实生活中，都尽情地表达自我。这两位常年搭档的艺术家通过作品互相启发，模糊了艺术和时尚的界限。随便翻开任意一本时尚书籍，几乎都能看到他们创作的影像，然而，他们栖身于完全属于自己的创意空间里，这在封闭而竞争激烈的时尚界实属罕见。

Beauty and its opposite—the grotesque.
I think those two things are constantly at play

美和美的对立面——怪诞。
我认为这两者不断地发挥着作用

乌戈·韦尔塔·马林：在摄影师和缪斯女神之间存在着有趣的共生关系。有没有哪个特定的主题是你反复想去拍的？

伊内兹·范·兰姆斯韦德：嗯，你知道时尚界有种与生俱来的倾向，那就是每个人都在寻找"新东西"：新面孔，新女孩。但我只要觉得某个人的脸有意思，立刻就会对这个人的性格发生兴趣。如果我们合作的感觉特别好，我可能会一遍又一遍地去拍这个人。事实上，那就是一件让我非常喜悦的事：我在 1999 年拍过的那些女人，我至今仍在拍，她们对我来说魅力依旧。我依然想通过拍摄她们的照片来"拥有"她们，所以我有很多缪斯，因为我喜欢共同成长的感觉。

马林： 在摄影界有没有类似"荷兰学派"或"荷兰视角"的说法？

兰姆斯韦德： 我认为是有的。有两种类型。一种是非常规整的，有点基于传统荷兰绘画大师看待事物的方式——没有太多景深，视角比较浅，可以说有种扁平化的倾向，但在结构上绝对规整。我觉得摄影中有一大块领域就是采用了这种偏"摆拍"的理念，非常"荷兰"。还有一种源自地道的纪录片拍摄或新闻摄影方式。

所以，就荷兰学派对我有什么影响而言，这两种方式都对我产生了很多影响。毕竟，你从小到大花了那么多时间去看伦勃朗、维米尔、鲁本斯，所有这些不可思议的杰作都会潜移默化地塑造你的创作观，影响你的构图。有些时候，我必须将它们忘光，好让创作扩展到其他领域。

我的第一反应依然是用那种方式拍摄所有对象，但后来我不得不有意识地对自己说："好啦，别总是从正面拍摄每个人。"你明白吗，我的第一直觉总是想让一切对齐、对称，每样东西都正脸朝前，平平整整。所以，我必须提醒自己要换个角度，用另一种视角去观察。

马林：美在你的作品中扮演了什么角色？

兰姆斯韦德：美是最重要的主题：美和美的对立面——怪诞。我认为这两者不断地发挥着作用。有时其中一个元素更强一点，但当我回看我们这三十年创作的作品时，我发现其中总有某种平衡，这一点从没变过。

马林：是的，你们的许多影像似乎都透出一种对怪诞的关注，还有二元对立：美丽和怪诞，朋克和高级时尚，男性和女性，完美和不完美……

兰姆斯韦德：是的，对我来说，这就是重点：对立面之间的不确定。你为什么会被某些东西吸引？为什么有些东西方方面面都平淡无奇，却能让你惊叹？你不知道原因，说不清楚，这让我觉得很有趣。但是，所有因素合在一起，就会让你目不转睛地看。我可以这么说：不完美中也有完美。这可能是我非常欣赏埃尔斯沃思·凯利[1]的作品的原因，因为他也在以一种抽象的方式实践这个想法，摸索完美和不完美的交叉点。

马林：如果你对一样东西发自内心地鄙视，你会把它做成一个作品吗？

兰姆斯韦德：我觉得我不会。我可能会做那种潜藏小小政治隐喻的作品。但此时此刻，更多的是强烈的排斥感，因为你一说"鄙视"，我只能想到我们的大总统（唐纳德·特朗普），我不想对他进行更多的思考。

马林：我完全赞同……要说将恐怖感嵌入美感，我脑中立刻想到一个画面，就是《（永远地）亲吻维努德的我》（*Me Kissing Vinoodh [Eternally]*）里，你全身涂成红色，看起来像是被剥了皮。那仿佛印证了人们说的，西方当代艺术中的怪诞与女性气质有着天然的内在联系。

兰姆斯韦德：是的，我明白。

马林：感觉像是艺术家们在调度骇人的身体，赋予被边缘化的群体更多权力，或者向禁忌和陈规发起挑衅。

兰姆斯韦德：是的，我同意。我觉得你这么说特别有意思，因为我觉得男性根本没有在艺术中得到充分的表现。男性艺术家多得铺天盖地，但要说有代表性的男性形象却无从谈起……

The female figure has been celebrated in every possible way throughout art history and men have only bee depicted as themselves in portraits. I find it kind of fascinating

纵观整个艺术史，女性形象一直在以所有你能想到的方式被赞美，而男性只出现在肖像画中。我觉得这有趣极了马林：怎么说？

兰姆斯韦德：这是我的一己之见，对于艺术界的各种动态，我有些自己比较浅薄的理解，但在今天之前，我真的想不起来有哪位艺术家谈过"男性"。纵观整个艺术史，女性形象一直在以所有你能想到的方式被赞美，而男性只出现在肖像画中。我觉得这有趣极了。

马林：你说得太对了。甚至当男性艺术家描绘自己的时候，也往往会呈现出女性的形象：安迪·沃霍尔，迈克·凯利，罗伯特·梅普尔索普[2]，马塞尔·杜尚的女性分身罗丝·瑟拉维[3]……

兰姆斯韦德：对。我认为这确实说明了我们的一些社会问题。我猜想，男人也许就没有那么多复杂性，我不知道……但我感觉得到，肯定还有些什么没被揭示出来。

马林：你会说女性艺术家更内省吗？

兰姆斯韦德：我认为是的。不管男性还是女性，肯定有例外，但我认为在男性艺术家的世界里有某种大男子主义行为，那对他们来说是好用的——真的好用。基于大男子主义出现的一些作品很宏伟，令人兴奋，但不是女性感兴趣的——她们不需要大喊大叫。女人有一种微妙、细腻的看待生活的方式，更多地向内看，这无疑是女性看待艺术或创作艺术固有的一个方式。

马林：如此说来，我想先问问你描写性的方式——现在与二十年前有什么变化吗？

兰姆斯韦德：这个问题有意思。最开始的时候我还年轻，看着这一切，迫不及待地想去颠覆什么。现在呢，有时我回顾自己以前的一些作品时会想："嗯，我现在绝对不会这样做了，因为对于身为女人意味着什么，现在的我有了更深、更丰富的理解。"你知道，刚起步时，你想找出一切答案，你并不能真正地理解万事万物的真谛，因为你还没真正地生活过，活得不够久，没经历过一切，也没听说过那么多别人的人生故事。这十年里，相比于这个或那个性别的诱惑力，我对性别不存在这件事更感兴趣。我对人更感兴趣，而不是男性或女性，或是两性间的复杂关系和吸引力。我认为那样想实在太单一了……最让我有兴趣的是介于两者之间的概念，但这也可能会变。我不知道……可能又会转向另一种想法。

马林：我注意到有一系列你贴着胡子的人像。你当时是怎么会有这种创意的？

兰姆斯韦德：我贴胡子的照片是为了给《绅女》（*The Gentlewoman*）杂志拍封面。我当时想的就是你刚才说的二元性：男性和女性；怪诞和美丽。所以，我去琢磨怎样借由自身表达这个想法。该怎样去谈论这个事实呢——我不在乎自己是男人还是女人，这就是胡子的想法的由来。我觉得，集一切对立于一身让人兴奋。我想这是一种方法。

马林：有的摄影从文化、概念上来说很有趣，但不太商业，有些反之，这两种摄影有什么区别？

兰姆斯韦德：我和丈夫（维努德·马塔丁）拍商业案，你知道，就是那些有偿的委托拍摄的时候，真的要看情况……有些品牌的操作非常商业化，我们非常清楚他们想要什么。在这样的限定下交出你所能给的最佳作品，其实对我们来说是一种释放，因为在那么多限制、那么多要妥协的事面前，依旧拍出你喜欢的照片，那种感觉很好。有时候，我们不喜欢自己拍的，但客户喜欢，那很好。但也有另一种情况，就是你在同样的限制下，拍出了不可思议的好片子，因为，你知道，只要在时尚界工作，百分之六七十的情况下，你都在妥协。你必须能在限定条件下工作。

还有一些情况，在我们拍原创作品，或者在商业客户、杂志社或别的委托方给我们完全的创作自由的时候，创作就会被导向完全不同的类型。有时我们会拍些非常极端的东西，然后会有商业客户找上门来，说他们也想要这样的照片，所以，情况各有不同。不过，如果有人勇敢地说出"你们随便拍"，那就最完美了，最终呈现的画面很可能因为这句话而有了小小的改变。这不完全是用某种特定的方式展示产品。

比方说，我们前不久刚和（艺术电影导演）维吉尔·阿布洛（Virgil Abloh）合作，为路易·威登拍了一支新广告，此刻它正在打破互联网上观看次数最多的路易·威登广告视频的纪录，而整条片子里几乎没有一件产品露出。这个短片拍的是一个宝宝在玩橡皮泥，再现了婴儿期、孩童期和青春期的感觉与想法。这是个美好的项目，我们能够自由表现。

马林： 科技已把摄影带入另一番天地。在你看来，社交媒体是怎样改变了摄影？

兰姆斯韦德： 我喜欢社交媒体，喜欢社交平台为摄影所做的一切。现在每个人都是摄影师，太棒了。社交媒体是图像的一个出口。我喜欢这种交流；喜欢这种互动，也会从中收获灵感。我想，社交媒体在很多层面都具有挑战性……现在，你有很多东西可以拿来与自己比较，很微妙，尤其是如果你还只是个青少年的话。但对我来说，对我目前的状态来说，我觉得社交媒体很好，也很有娱乐性。

马林： 考虑到网上有各种各样的题材，你会不会觉得一张照片在今天远不如二十年前有价值？

兰姆斯韦德： 不，对我来说不会。我认为，非专业摄影者拍出的令人惊叹的佳作和欧文·潘（Irving Penn）、杰夫·沃尔（Jeff Wal）拍的一样有价值。我不觉得有什么不同。

也许，有时候会有一个问题，尤其是在年轻摄影师当中，你会发现某个人拍出了一张很好的照片，但其他作品不怎么出色。这样的摄影师可能刚刚起步，他必须培养技艺，但受到过度的关注、点赞、好友申请这些事会冲昏他的头脑，最后可能就会让他一直局限在某种讨大众喜欢的拍摄技巧里。但我认为，摄影的价值始终都在于被质疑。说真的，我认为摄影在整个艺术界至今仍像个过继来的孩子。

马林：有哪些事对你产生了影响，让你成了时尚摄影师？

兰姆斯韦德：哦，我母亲就是时尚记者。她从 20 世纪 50 年代开始为一家荷兰报纸写文章，每季都去巴黎看秀，还会带法国版 *Vogue* 回来。所以，在整个 20 世纪七八十年代，我是看着法国版 *Vogue* 长大的，那有助于我形成自己对女性气质、风格、摄影、色彩和构图的想法。我从那时起就对摄影有兴趣。后来，高中毕业，我以为自己会成为时装设计师，但等我开始学设计了，却发现自己一直在拍照，根本没在做衣服，所以我就转去艺术学校学摄影了。就这样开始了。

马林：越来越多的艺术家成了名人，你对此有何看法？

兰姆斯韦德：我觉得非常好啊。为什么不呢？

I love social media and
love what it has done fo
photography. I think it's
amazing that everyone
a photographer now.
It is an outlet for image

我喜欢社交媒体，喜欢社交平台为摄影所做的一切。现在每个人都是摄影师，太棒了。社交媒体是图像的一个出口马林：想独处的话，你会去哪里？

兰姆斯韦德：就字面意义来说，我从来没有一个人待着的时候。

马林：在职业生涯的哪个节点，你觉得自己是个成功的艺术家了？有没有哪张照片改变了一切？

兰姆斯韦德：有——《（热情地）亲吻维努德的我》（*Me Kissing Vinoodh [Passionately]*）。我认为那幅作品真的概括了一切：关于我的创作的一切都在里面了。它揭示了一些永恒存在的内在情绪：爱、失去和恐惧。

马林：最能带给你灵感的是什么？

兰姆斯韦德：人……还有人脸。

马林：关于你自己，你能做的最诚实的表述是什么？

兰姆斯韦德：我对人非常有耐心，但对机器的耐心为零。

1   埃尔斯沃思·凯利（Ellsworth Kelly，1923—2015），
     美国极简主义画家、雕塑家、版画家，擅长进行硬
     边绘画、色域绘画。

2   罗伯特·梅普尔索普（Robert Mapplethorpe，1946—
     1989），美国摄影师，擅长黑白摄影，主要拍摄名
     人、男性裸体和花卉静态物，并因其作品对情色艺术、
     同性爱艺术的深入探索而知名。

3   罗丝·瑟拉维（Rrose Sélavy），"达达主义艺术之父"
     杜尚的女性化名，首次出现在 1920 年。杜尚在其一
     个鸟笼装置下写道："为什么不打喷嚏，罗丝·瑟拉
     维？"后来这个名字又在法国艺术家弗朗西斯·毕卡
     比亚的拼贴画和时尚摄影师曼·雷的照片里等地方
     出现。

CH

CHARLOTTE GAINSBOURG
夏洛特·甘斯布

T

NEW YORK, 2020

AR
LO
TE

夏洛特·甘斯布是演员，也是创作型歌手。她的父亲是法国流行歌星塞尔日·甘斯布。十二岁那年，她与父亲合唱《柠檬乱伦》（"Lemon Incest"），首次亮相乐坛。十五岁，她完成了她的首张专辑。从那之后，她合作的音乐人包括贝克[1]、贾维斯·考科尔[2]和法国浪漫电子双人乐团"空气"（Air）。作为演员，夏洛特出现在各类电影中，包括数部拉斯·冯·提尔导演的电影，在商业层面和评论界都获得了极大成功。

夏洛特的表演让最令人痛苦的场景都显得动人、精致。她饰演的角色从来都不"普通"。十五岁，她因主演《不害臊的姑娘》（L'Effrontée）夺得凯撒奖最具前途女演员奖；之后又凭借在《反基督者》（Antichrist）中饰演一位有施虐受虐倾向的悲痛母亲斩获戛纳电影节最佳女演员奖。夏洛特身上似乎总有一种迷人的张力，温柔中让人觉得事态可能随时转向另一个方向。夏洛特不畏惧探索悲剧，不畏惧摸索深入、复杂的人性处境，与此同时还保有一种罕见的品质——某种纯粹，这使得她的角色成为艺术界的人们崇拜的对象。

乌戈·韦尔塔·马林：我们先从音乐聊起吧。

夏洛特·甘斯布：没问题。

马林：我看报道上说，你为新专辑《驻足停留》（*Rest*）写了歌。

甘斯布：哦，是的。

马林：我有一种感觉，有些时候，歌词不是代表词作者在说话，而是表演的语言。夏洛特·甘斯布的存在止于哪里，另一个无形的人物的声音又从哪里开始？

甘斯布：嗯，创作何时开始、何时结束，并没有所谓的定式。实际上，我很喜欢和其他艺术家合作。我喜欢能依靠别人的判断和品位。因为我不是那种抱着吉他、编个曲子就能开始表演的歌手，我需要一个声音，需要那个声音后面有另一个人。我需要有人来掌控，然后，我才能给出自己的创意。但是，当我写歌词的时候，我是独自去写的……我不觉得自己很能控制进程，所以，每当有好东西出现，我都会很惊讶。它们是一点一点出来的，我必须把这些一点一点的成果攒起来、拼起来，才能做出新音乐。

马林： 你是否觉得自己和音乐的关系随着时间的推移发生了改变？

甘斯布： 完全变了。我刚开始唱歌的时候只有十二岁，不知道自己在做什么。那时，我和父亲合作了一首引发很大争议的歌，叫《柠檬乱伦》，这首歌当时让人们非常震惊。但对我来说根本没什么——我只是和他一起做音乐。后来，我十五岁那年，父亲为我写了一张专辑《永远的夏洛特》（*Charlotte for Ever*），那时候我对音乐更有兴趣了，但没有真正开始职业生涯。再后来，我十九岁，父亲去世了，我心想："好吧，现在这一切都结束了。没有他，音乐对我来说就结束了。"我用了整整二十年才回到音乐。我和"空气"乐团录《5:55》的时候已经三十五岁了……这对我来说很不容易，我伴着所有幽魂、旧日印象和记忆回到录音室，但一旦做起音乐，我就不想停下来了。

马林： 有人对我说过，如果你是个伟大的表演者，你就可以随心所欲。只要你的演绎出色，你尽可一遍又一遍地重复一个词。你认为表演已经像歌曲一样，是一种表态和声明了吗？

I never thought that I w
a real artist, and I thinl
that comes from my fa
because we were alwa
a little embarrassed tc
call ourselves artists.
always underplayed it

s

ily

我从来不自视为真正的艺术家，我觉得那和我的家庭有关，因为我们都不太好意思自称艺术家。在这一点上，我们一直轻描淡写甘斯布：我觉得是这样，但假如你没有伟大歌手的嗓音，或者你没有写这首歌的歌词，也不会跳舞，就很难了，你说呢？在舞台上时，要意识到你必须有所呈现是非常艰难的，而要感到做这些毫无意义却很容易。所以，让我感觉自己是舞台上的一个表演者终究很困难，因为我不是……我在舞台上只是做我自己，有时候，要做到足够有信心真的很不容易。你可以没有信心地写歌，可以没有信心地做完整张专辑，但不能没有信心地上台。得坚信自己是演出的一部分。

马林：音乐和时尚之间有没有迷人的交集？

甘斯布：我不知道……可能如果你是碧昂丝，时尚也会是表演中的一个元素。我的意思是，灯光、伴舞、舞台，演出是很庞杂的整体，时尚在其中有一席之地，但在我的表演里……那只是我看待自己的方式，我希望人们看到的我是那样的。在上一场演出中，穿牛仔裤和 T 恤对我来说很重要，因为那就是我，是我想展现的样子。

马林：大概用"时尚"这个词不太合适……

甘斯布：风格。

马林：我可以想到伊基·波普[3]只穿一条皮裤就摆明了姿态，还有戴挂锁项链的席德·维瑟斯[4]，PJ哈维的妆容……有少数的一些时刻，文化语言会被服装和音乐改变。你相信音乐依然保有这种颠覆性吗？

甘斯布：有，当然有。我是说，像说唱歌手……嘻哈，这些都算。这一切音乐形式背后是一整个产业，现如今，时尚已完全嵌入音乐界里了——你说得对——但我不是特别能感同身受，因为我不是靠衣着打扮来表态的。衣服从属于我的皮肤……比方说，我的上一张专辑是关于我已经去世了的姐姐（凯特·巴里 [Kate Barry]）的，是非常私密的音乐。我希望表演能反映出那种亲密，我想尽可能地感觉像自己。

马林：这种自由怎样影响你的创作？

甘斯布：嗯，问题在于，我永远不会成为那种令人惊叹的歌手，比如歌剧演唱家。有些艺术家擅长表演，演出时几乎就像戴上了面具，但我上台表演时没有那套方法。所以，我必须相信意外，除此之外就没什么了，而这就是魅力所在。特别是现在，电脑可以把一切都修得完美无瑕……我觉得那没什么生命力。

马林： 拍电影的时候，你也这样去表演吗？

甘斯布： 我觉得，做演员的时候，你就不是艺术家了。演员是演绎者。你是整个团队的一部分，没错，你拍电影，所以你有一种艺术上的理解，但你不是作为一个艺术家在表演。作为演员，我觉得自己是一件艺术作品的一部分，但事情就是这样。

马林： 艺术家这个标签太沉重了吗？

甘斯布： 是的，我从来不自视为真正的艺术家，我觉得那和我的家庭有关 [5]，因为我们都不太好意思自称艺术家。在这一点上，我们一直轻描淡写。

马林： 你好像不畏惧通过创作来审视人类本性中的阴暗面。这样说来，你认为痛苦对艺术家来说重要吗？

甘斯布：越来越重要，我对此深信不疑。我父亲常说，谈论蓝天没有意思，看阴沉的天空、看闪电、看混乱才有趣……身为演员，我有同感，因为我参演的大部分电影都会引发痛苦的感受；痛苦一直存在于创作过程中。而且，我觉得让自己身处那些位置很有趣，包括进入那些奇特的有受虐倾向的角色中……嗯，我知道自己是个受虐狂，我也不耻于坦陈痛苦中会有些许快感。和拉斯·冯·提尔合作时我对此深有体会。那就像旅程中的一段路，我确信他很明白我的这一面。

马林：所以，你认为选择什么类型的角色是天性使然吗？

甘斯布：你说的天性是指什么？

马林：嗯……你知道那个蝎子蜇死帮助它过河的青蛙的寓言吗？

甘斯布：不，好像不知道。

马林：一只蝎子请青蛙背它过河。青蛙很犹豫，害怕被蜇，但蝎子说，如果自己蜇它，两个都会淹死……过河到半路，蝎子蜇了青蛙，两个都淹死了。青蛙问："你为什么要蜇我？"蝎子回答："天性使然。"

甘斯布：哈！很有趣……我想是吧。

马林：我还有一种感觉，就是冯·提尔让演员们暴露了内心的某一面，而他从中获得了某种狡黠的快乐……

甘斯布：我认为拉斯对我的演技不感兴趣，他更感兴趣的是表演本身，而那是我能够演出来的最有趣的作品之一，因为当中没有障碍。他想在电影中看到一个真实的人，他会很频繁地喊停，然后说："我不相信你，不相信你刚刚说出来的话。"但他总是正确的。他只想要真实的……所以，我尝试了各种演法，用各种方式去实现真实。我想，这也是我不喜欢在银幕上看到自己的原因。我对自己非常苛刻，总能一眼就看出来自己在什么时候表演得不够真。

The beauty standards today are really uninteresting to me, and I hope that we can go back to something a little more edgy, something more original

当今的美的标准实在太无趣了，我希望我们能回到更有锐气、更本真的东西

马林：我曾在某篇文章里读到，你更喜欢残忍，因为柔和让你厌倦。你最激进的表演是哪次？

甘斯布：哦，肯定是我和拉斯拍的电影。我和他拍了三部片子，各有不同，但对我来说，《反基督者》是最坦率的，整部片子都很生猛；《忧郁症》很吓人，但没那么残酷；再后来是《女性瘾者》（Nymphomaniac），我们以某种奇特的方式玩得很开心——它很极端，其中的性场景是那么极端，以至于我们不得不对很多东西大笑。但《反基督者》是残忍到了极致，其中又有什么让人彻底兴奋了起来。我记得我当时习惯了尖叫、脱衣服、哭泣。拍完后，我突然

回到现实生活，感觉非常不适。身在森林中竟然无法大声喊叫，这反而让我震惊（笑）。

马林：它们是视觉性很强的作品，美根植于恐怖。

甘斯布：哦，是的。

马林：你的美学观是什么？

甘斯布：我没有一个真正的观念，不过……你知道，我有时会画画，我发现，如果我用力过猛，画就会变得非常无趣，这一点很有启示性。画面会在突然之间失去了情绪，仅仅变成一幅漂亮的画而已。但只要有情感参与进去，或者，你只是加入了稍微极端一点的东西……

马林：就会出现颠覆性的转折？

甘斯布：是的。但你也要知道何时停止，可能很难抉择。如果你投入的能量太多，它就会变得很做作。我觉得唱歌的时候也会有这种情况。我记得我在录制上一张专辑时总想回到录音室，把歌唱好，又总觉得不够好。到最后，我们用的是我一年前录的，真的就是第一条录音，因为那时

Everything is condemr
today, and I find it terri
Not in real life, but fror
an artistic point of view

d
ving.

今天，每件事、每个做法都会遭到谴责，我觉得这很恐怖。我是从艺术的角度来说，而不是就现实生活而言的感觉才对。那条唱得并不完美，但它有那个东西……

马林：美和怪诞冲撞的时刻。

甘斯布：是的。我不是靠完美而触及美的。我觉得丑陋、不完美都是美的组成部分。你知道，我有个十七岁的女儿，她受到了所有那些外表完美的女演员、女歌手的影响。她们看起来都很相似：小鼻子、大胸，一种对我来说无聊至极的所谓的完美……在我看来，当今的美的标准实在太无趣了，我希望我们能回到更有锐气、更本真的东西。

马林：弗朗西斯·培根说过，艺术家的工作是加深神秘。

甘斯布：没错。某些你无法理解的东西。神秘的东西走得更远，也就更有意趣。

马林：把事情推向更远是很有趣的，但我相信，大多数人也会害怕，如果走得太远，会面临什么状况。就你的工作而言，多远才算太远？

甘斯布：我觉得，我的底线是不让它过多地干涉我的个人生活。我已经意识到了，当工作太私人化时，我就会偏离正轨。比方说，拍摄《反基督者》时，我记得有一天，我觉得我们已经不是在拍电影了。像是身处某部色情电影里……

马林：怎么会有那种感觉？

甘斯布：在某个场景里，威廉·达福的戏份要用一个色情演员做替身拍，拉斯问我能不能和他一起出镜——这很好理解，摄像机不会拍到替身的脸，但拉斯需要我的脸出现在同一个镜头里，所以我说可以。开拍后，我觉得那对我来说就像是在拍色情电影，因为威廉不在那个场景里……感觉真的很怪。最后，我对拉斯说，我拍不下去了……那真的让我出戏。

马林：我看到过报道说，在《女性瘾者》的限制级场景中，拉斯把演员的身体和色情演员的身体叠合成一体……

甘斯布：是的。然后，他把我的脸放在那个身体上面（笑）。

马林：（笑）这听起来很前卫。

甘斯布：没错。

The fact that I'm always unsatisfied is perhaps what gives me an appetite

我总是不满足，这是事实，
也许这就是我想要更多的原因

马林：在你的作品中，性是一大主题吗？

甘斯布：我认为所有作品的一大主题都有性，哪怕作品没有直接地谈及性。我的意思是，作品可能完全没有涉及性，但可能与性别有关，与性吸引力有关，与厌恶有关。在任何一个层面，你都能找到事情与性的关联，我觉得这很有趣。

马林：性总有一个隐喻的维度。

甘斯布：是的。每一种性变态、每一段危险的对话都值得讨论，因为那就是构成我们人性的一部分。我想说的是，今天，包括 #MeToo 在内的所有运动都很了不起，因为女性的声音被听到了，没人能强迫你做任何你不想做的事情，但与此同时，现在每个人都很害怕……害怕谈论性，害怕手放错地方，害怕当街对女人吹口哨。今天，每件事、每个做法都会遭到谴责，我觉得这很恐怖。我是从艺术的角度来说，而不是就现实生活而言……这很吓人，因为没有太多的事情在发生，如果每一种诱惑形式都被取缔，我们就没太多东西好讨论了。在过去，人们不断地做出反应、折腾，那样很好啊。

马林：进行挑衅？

甘斯布：我觉得那就是我父亲终其一生所做的事，我觉得确实有这种必要。对一些事情做出反应。为一些事感到震惊……现在每件事都是政治不正确的。实在太无聊了。

马林：从这个角度说，你对色情制品持有怎样的立场？

甘斯布：回答起来有点难，因为我这辈子大概只看过三部色情电影，都制作得相当好——你知道，怎么说都还算电影……但现在，我真的说不清什么算是色情制品。我的意思是，这一代年轻人是在互联网和免费色情视频中长大的，那些图像真的很丑。以前的色情电影还是有些内容的……你明白我说的吗（笑）。

马林：（笑）有情节。

甘斯布：会有故事。现在，一切都那么快。所有人都没有毛发——我觉得这特别让人反感——但我知道，这一代年轻人会觉得这很正常……但我说的大概只限于色情电影吧，色情制品可能是完全不同的东西……我不知道。这个概念太大了，三言两语说不清。

马林：越来越多的艺术家成了名人，你对此有何看法？

甘斯布：在我的印象里，名人出名出不了太久，也没什么艺术性可言，所谓"名人"的概念就有点虚假。但与此同时，要说你作为艺术家但从不希望出名，也会显得不太诚实。我的意思是，当你拍了一部电影，发了一张唱片，你肯定希望被更多人知道，这样一来，就势必牵扯到名气，但我不认为名气和艺术能够友好共存。

马林：在职业生涯的哪个节点，你觉得自己是个成功的艺术家了？

甘斯布：我始终对此存疑。年轻的时候，一想到很多人都认识我，我就觉得非常不舒服——那对我没有任何意义，我想，我就是带着这种想法长大的。另一方面呢，我有种感觉，一旦我感到满足，我走的下一步就会跌倒，所以，整体上来说我总是不太满足的。

马林：你担心自己被过度曝光吗？

甘斯布：不，因为我可以做电影，也可以做音乐，我觉得我可以随时向后退一步。我出现在不同领域，所以，我不怎么为这件事担心。

马林：最能带给你灵感的是什么？

甘斯布：我觉得是情感。前几天，我看了塔可夫斯基的电影《伊万的童年》。整部片子都深深地浸透了情感。画面是那么美，饱含情绪。非常有力量。

马林：你买的第一张唱片是什么？

甘斯布：鲍勃·迪伦的《躺下吧，女士》（"Lay Lady Lay"），但那只是一张单曲，我没有买整张专辑。

马林：关于你自己，你能做的最诚实的表述是什么？

甘斯布：我可以说的最诚实的话就是，我希望我能更爱自己。我希望我对自己有更多的同情心。但事实上，我喜欢说我不喜欢自己，因为我觉得那才是实话……我没有我希望拥有的容貌，没有我希望拥有的天赋……我总是不满足，这是事实，也许这就是我想要更多的原因。

1　贝克（Beck, 1970—　），美国音乐家、创作歌手。他被认为是 20 世纪 90 年代到千禧年代最有创意性和最为特殊的另类摇滚音乐家之一。

2　贾维斯·考科尔（Jarvis Cocker，1963—　），英国音乐家，"果浆"乐团主唱，20 世纪 90 年代中期英伦摇滚的灵魂人物之一。

3　伊基·波普（Iggy Pop，1947—　），美国歌手、音乐家，为摇滚乐开创出一种极具爆破性的风格与姿态，被誉为美国朋克教父。

4　席德·维瑟斯（Sid Vicious，1957—1979），英国歌手、音乐家，英国著名朋克乐团"性手枪"的贝斯手兼合唱。

5　夏洛特·甘斯布出生于一个著名的演艺家族，母亲是英国著名女演员简·伯金（Jane Birkin），父亲是法国歌手、演员塞尔日·甘斯布（Serge Gainsbourg），家族中的其他成员也大多从事演艺、艺术类工作。

TWI

GS

FKA

FKA TWIGS

LONDON, 2020

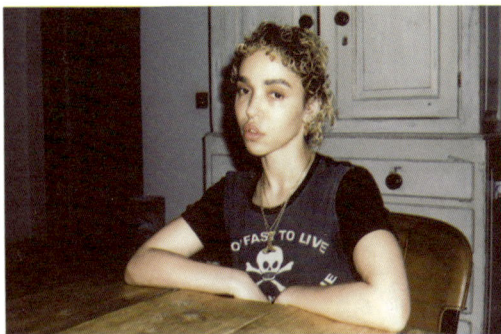

FKA Twigs（昵称"小枝"）是一位英国歌手、创作人、舞者及制作人。她对自己有严苛的要求，不遗余力地投入创作，推出过三张 EP，获英国水星音乐奖提名、全英音乐奖提名，她发布的专辑《抹大拉》（*MAGDALENE*）奠定了她作为这一代音乐人中最具创新精神的艺术家之一的地位。她是卓越的创新者，也是无所顾忌的前卫派，她的音乐融合了各种流派，打破了呆板的既定分类。

在我们的第一次交谈中，小枝和我聊到音乐、舞蹈、种族，以及她作为聚光灯下的少数族群所感到的责任。小枝音乐的独特之处在于它颠覆性的混杂，一种难以言喻的奇特感受令我们陷入一个复杂的文化体系。她选择以自己的身体为媒介，以暴露出艺术家身体上留下的痕迹、污渍或印记——这些是对政治、经济和社会现象的回应。借由创作，小枝不断提出问题，勇敢、直白地以自己的肌肤呈现艺术——名副其实地活在自身的艺术中。

If you're making honest work, it will naturally speak of the times

如果你的创作是诚实的，
自然而然就会谈及这个时代

乌戈·韦尔塔·马林：让我们从音乐谈起吧。

FKA Twigs：没问题，开始吧。

马林：《圣经》故事里的三个"马利亚"（Mary）——伯大尼的马利亚、抹大拉的马利亚和妓女马利亚——被合并为一个人物。纵观历史，大概没有哪个人物像抹大拉的马利亚那样具有争议性。

FKA Twigs：对。

马林：你为什么选择了抹大拉作为新专辑的灵感来源？

FKA Twigs：实话实说，这纯属偶然。刚开始写歌时，我其实对莉莉丝（Lilith）特别着迷——她是亚当的第一任妻子，那时我在练武术，并开始学用很多不同的剑，我把我的剑命名为"莉莉丝"。就这样，我开始深入了解她的故事，还有和她有关的各种神话。莉莉丝是个非常强大、骄傲、有明确自我意识的女人。我想当时我就预见了我们之间会有一种关联，但我那时很脆弱，很容易受伤，根本到不了莉莉丝展现出的那种感觉。

然后有一天，我和朋友进行了一场让人豁然开朗的聊天，我的朋友叫克里斯蒂·梅肖（Christi Meshell），她做超棒的香水，擅长用各种精油和草药。我们谈到了抹大拉的马利亚，我非常自然地、发自内心地找到了和她的联结——她出现的时候，永远在耶稣的阴影里。我想到，在我自己的生活中，我也时常在男人的阴影之下，不管对方是爱人、朋友还是导师，所以，在这一点上，我与她惺惺相惜。

不过，抹大拉的马利亚在很大程度上与耶稣是平等的。我相信她是耶稣的故事里很重要的组成部分，她为耶稣的许多旅程和使命奠定了基础。从很多角度来看，她就是我们现在所说的医生，将各种技能融入了治愈术。她熟悉很多草药、精油的知识，把所知的一切融会贯通——我真的就是得到了她的启迪。当时我一直在思考，关于男人和马利亚情结——简而言之，当男人看到一个女人时，要么把她视为妓女、卖淫者、有罪的女人、诱惑者，要么是处女，天真无邪、自带母性、关爱男人。这个想法让我非常着迷。我母亲的中间名也是玛丽（Mary），所以，就刚好有这么多玛丽／马利亚围绕在我身边。后来我写了一首歌，叫《抹大拉的马利亚》……对我来说，那是整张专辑中最有力量的作品。

马林：关于抹大拉的马利亚的传说，显然一直有许多矛盾之处。就连她的头发也既被视为慈善和救赎的象征，又暗示了她职业中的失德。你认为这些元素强调了女性赋权吗？

FKA Twigs：当然了。抹大拉的马利亚的头发在那个故事中有着重要地位。她将香膏——非常昂贵的油——倒在耶稣的脚上，再把自己的头发当拖把用，抹去多余的油。我一直觉得那是个强有力的画面。当然，历史上有许多女性体现了女性赋权，只不过，很不幸，我们对她们知之甚少，因为父权制社会轻而易举就能抹杀这类故事。多年后，我们去填补空白。而我们不了解她们，也不了解她们对我们的社会有过多大的影响。

马林：在你开始整张专辑的制作之前，你是从怎样的概念出发的？

FKA Twigs：我一直相信，重要的是让事情从内而外生发，而不是从外向内。就像我刚刚提到的，我喜欢莉莉丝，但这并不意味着我会为她写歌，或者说她一定会给我的创作带来灵感。另一方面，抹大拉的马利亚这个概念是自然而然出现的。我并非在寻觅什么灵感，但她就那么出现了，以各种各样的样貌出现在我的生活中。我想，写歌的时候，我不必去考虑所谓的最终目标。它是自己慢慢浮现出来的。

马林：举个例子吧，你是在歌曲完成后才命名，还是在创作过程中就定好名字的？

FKA Twigs：慢慢成形。谈到创作过程，我总是不知道该怎么说，因为事情就是那样发生了。我真的没有特定的工作方式——没有秘密，没什么神秘兮兮的魔法流程，我只是做自己的事。我解释不了，但那个过程很简单，很诚实。

I'm always quite hesit
when talking about
process, because it jus
sort of happens. I don'
really have a specific
way of working—there
no secret, no mystical,
magical way I do my w
I can't explain it, but it'
simple and honest

t

s

k.

谈到创作过程，我总是不知道该怎么说，因为事情就是那样发生了。我真的没有特定的工作方式——没有秘密，没什么神秘兮兮的魔法流程，我只是做自己的事。我解释不了，但那个过程很简单，很诚实马林：它自己成形。

FKA Twigs：没错，它会自动成形，所以我很难去谈论它，因为我怕听起来会有点自命不凡，而且，时常有人问起我的创作过程，结果就……你可以看到他们眼中的失望。但事情真的非常简单：我只是很喜欢写歌而已。我喜欢跳舞。我喜欢美妙的声音，也真的很享受把所有这些东西融合起来。

马林：有时候，艺术不是映照现实的镜子，而是塑造现实的锤子。你认为音乐人、创作人要不要成为这个时代的良心？

FKA Twigs：我不知道。我认为，如果你的创作是诚实的，自然而然就会谈及这个时代。

马林：在你的作品中有一些反复出现的主题，似乎在将肉体欲望和情感痛苦联系起来。痛苦在你的作品中扮演什么角色？

FKA Twigs：是的，痛苦和创伤是我创作中的重头戏。还是一样，这很难讲清楚，但我对探索痛苦这件事感到很自在，我不觉得我需要躲闪。探究那些感觉不好的事情不会让我难受，而且它还常常伴有相当强烈的感受。

马林：你认为痛苦对一个艺术家来说重要吗？

FKA Twigs：我认为真实对艺术家来说很重要。如果艺术家对待创作就像对待痛苦一样，没问题；如果艺术家对待创作就像对待幸福一样，那也没问题。我觉得，只要你把自己的感受写下来，世界上某个地方的某个人就会有共鸣。

马林：你认为人们可以将艺术和创作它的艺术家区分开吗？

FKA Twigs：可以啊。当然可以。

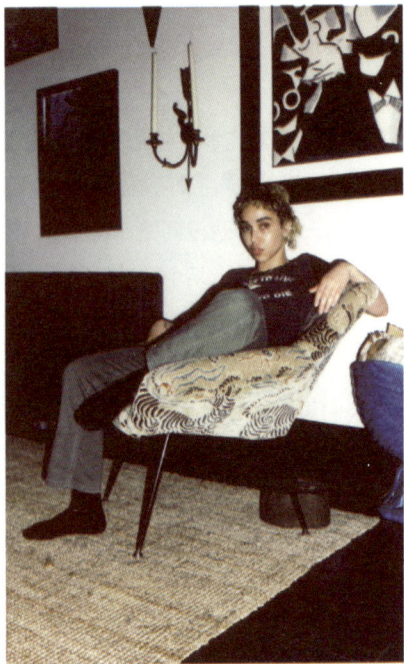

I am just starting to understand that the relationship with my body is vital to the rest of my work

我开始意识到，
与自己的身体保持关联
对我的创作至关重要

马林：你会不会觉得写诗和写歌不太一样——因为默读的文字和需要唱出来的文字不太一样？

FKA Twigs：我觉得写歌比较容易。我有时也写诗，算有一首好诗吧，别的都很一般。我写歌词的成功率相对高一点。我以后还是专心写歌词吧（笑）。写到现在，我差不多每隔三年才能写出一首好诗，所以可能需要一段时间才能攒下几首。

马林：你似乎对身体和音乐创作之间的关联很有兴趣。

FKA Twigs：是的。

马林：你的作品带动出的那种感触可以说非常掏心掏肺。你是否认为某些事物可以用语言来表达，而另一些只能用动作来表达？

FKA Twigs：是的，我真的很爱舞动自己的身体，那会带给我很多灵感，身为艺术家，我一次又一次地领悟到这一点有多重要。我开始意识到，与自己的身体保持关联对我的创作至关重要。我以前曾想否认这一点，但现在开始接受了。

马林：你用过的舞蹈风格相当广泛，从钢管舞到折手舞（voguing），还有武术和狂派舞（krumping）。哪种肢体方式让你最有共鸣？

FKA Twigs：很难挑出哪个。我都喜欢。而且我也喜欢和跳这些舞的人相处。不过，我好像有一段时间没跳过折手舞了，倒不是说我不喜欢，而是因为我在纽约待的时间不太多。在纽约的时候，我很喜欢和热衷折手舞的朋友们一起玩，我会彻头彻尾地沉浸到那个世界里去，因为实在太地道了。我发现，假如我不在纽约，又想跳折手舞，我就会觉得很勉强，氛围不搭。我开始习惯根据自己身在何处去创作……我真的很爱学习、参与到某种文化中去，所以我花很多时间去学，而时间是最宝贵的东西——我们都缺时间。我非常喜欢自觉地投入，去学一些新东西。我觉得这很性感……被你喜欢的事情围绕，特别美好。

马林：你最初是怎么发现舞场的？

FKA Twigs：这说来有点奇怪。我十二岁就开始跳折手舞了，还设计过自己的舞步。我只接触一些视频，也并不真正清楚自己那时在看什么。我有个叔叔跳过折手舞，所以他教了我一些动作。但我不明白那是什么意思，你知道，我那时还是个孩子，只知道这是一种舞，一种风格，但并不真正了解它的背景。

后来，我在纽约做专辑，大概是 2012 年前后，我总和男装品牌"Hood by Air"的主理人阿尔卡和谢恩（Arca & Shayne Oliver）一起玩，应该是阿尔卡第一次带我去了"小学校"俱乐部（Escuelita），我一下就爱上了那里。我在那儿认识了一名舞者，他叫"神童德里克"（Derek Prodigy），他主动提出要教我跳折手舞，就那样直截了当地收我做了徒弟。那时我根本不算什么有名的歌手，只是一个来自伦敦的女孩，但他们……我不知道，我喜欢他们，他们也喜欢我，后来我不断认识了更多很棒的人。

所以，我开始跟着"神童德里克"练舞，之后又跟随艾利克斯·穆格乐（Alex Mugler）学习，我花了很长时间才找到自己的风格，老实说，我至今都算不上擅长折手舞。这么说吧，我觉得我缺少安全感，因为我在纽约还待得不够多。对我来说，跳折手舞不仅仅是去上一节舞蹈课，也不仅仅是在家练习；它意味着和舞场的某个人互动配对，而且真正地理解那个场景的意义。这就是为什么我这么喜欢待在纽约，在那里跳舞时感觉一切都很对、很真实。所以，我也不知道，我只是喜欢尝试去找……

马林： 事物的灵魂？

FKA Twigs： 没错，灵魂。我非常喜欢武术，虽然还没去过中国，但我从武术界最正宗的师父那儿学到了一点东西。我的第一个老师，胡师父 [1]，为中国奥运会编排过表演，还和李连杰一起拍过电影——你找不到比他更地道的师父了——所以，不知道怎么说，但我就是喜欢沉浸在一种文化里，哪怕这听上去有点天真。

马林：我觉得很真实。我算不上电子乐的铁粉，但我每次去柏林，去伯格海恩[2]体验最地道的电子乐时，确实能感觉到音乐穿透你的精神……

FKA Twigs：绝对是这样。

马林：所以说，折手舞是把肢体语言当作一种形式结构，并且一直是一种抵抗的形式。

FKA Twigs：是的。

马林：折手舞这几年掀起了声势浩大的回潮。你认为它是否像当年那样，带动出其他社会议题？还是说，它其实也并未能够让人们更多地看见有色跨性别女性、有色酷儿群体？

FKA Twigs：真的很难去谈这个话题……因为，就算折手舞是酷儿文化的一部分，我觉得，酷儿圈之外的人也只是看到了它的一方面——具有表演性的那一面。折手舞是痛苦的，但这恰恰是酷儿文化很美丽的一面，我不知道折手舞是不是能直接地、切实地帮到同性恋、跨性别或酷儿群体……跳折手舞的舞者回家后是怎样的？那个跨性别女人住在什么样的地方？那个同性恋社区里的人都在哪里工作？他们安全吗？你知道，不属于这个群体的人仅仅看到有人跳折手舞，是没办法真正了解这些事的。

老实说，对于黑人社群，我也有同感。不是黑人的人常常只是透过娱乐、舞蹈、音乐或体育去体会黑人的世界，仅此而已。只和某种文化的某个面向打交道——这几乎就是自以为高人一等，而其实很无知的表现……

我想表达的是，这是一把双刃剑。我会说我是酷儿群体的盟友，或者说，我愿意自认是他们的盟友，但我很难去谈论那些我并没有直接参与的具体议题。我想我可以作为少数族群、作为有色人种的女性来发言……这样说吧，我认为那些不属于少数族群的人——不觉得自己处于被压迫或被误解的社会群落的人——如果只透过娱乐和体育来理解少数族群，那就是有问题的。我只是觉得，那些东西没有呈现出事情的全貌。

马林：我完全同意。你让我想起了采访艺术家卡丽·梅·威姆斯的时候，她说，现在的思潮确实发生了某种转变，但那种思想本身并不复杂，甚至是反动的。这就像是只把黑人或棕色人种纳入了一些文化项目中……但问题更像是"我们能带你们玩儿吗"，而不是"你们有怎样的艺术体系"。

FKA Twigs：首先，卡丽·梅·威姆斯是我最喜欢的艺术家。我们可以用卡丽·梅·威姆斯的作品为例子——我要跟你说的是一件非常非常私密的事，我在心里和自己说过很多次。

马林：好的。

FKA Twigs：几年前我去泰特美术馆看了卡丽·梅·威姆斯的展，展品中有些黑人照片，每一张下面都有单独的标题——《做饭》《家》《田野》等，还有一张照片上有个肤色较浅的黑人女人，穿着梦露式的、很漂亮的绸缎裙，被几个白人男子围在中间，照片下面写着"《共犯》"。那张照片给我的震撼太大了，实在是太强烈了……我非常激动，不得不退后一步，思考那对我意味着什么。我的意思是，我是一个深色皮肤的女人，我可以说自己取得现在的成就并不容易。

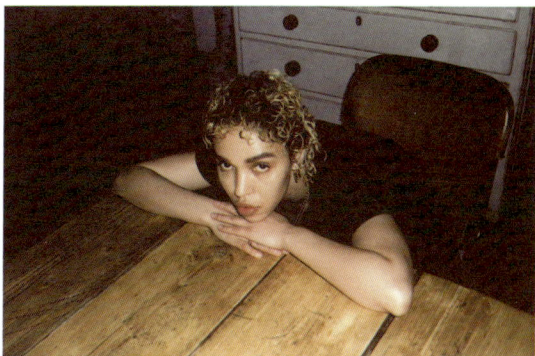

很小的时候，大概七八岁时，我的继父曾让我坐好，对我说："因为你的肤色，你必须比你身边的白人女孩加倍努力才行，如果你想赢，你必须比身边的白人女孩好两倍才够。"长大之后，别人会问我："小枝，你的舞跳得真好。你怎么会这么优秀？"事实上我很清楚，我优秀是因为我没有安全感……因为我知道——尤其是在更年轻的时候——我出身于一个劳工阶级家庭，我必须加倍优秀才能走出来。我是吃福利长大的，从小到大都是靠政府提供的食物补贴、大学教育补贴过来的。我成长的过程中有充沛的爱，但在经济上很贫困。我们有时真的很穷，为了摆脱那种状况，我不得不更加努力地练舞……加倍努力。

即便到现在，在这个年龄，我的内心深处依然觉得自己处在最基本的生存模式。说实话，有时这真的让人筋疲力尽。但不要误会，我知道我很幸运，我曾经想要的无非就是有个安稳的居所，现在我已经得到了，我已经很幸运了。我要做的是保持专注，清楚自己的立场，所以当我看到卡丽·梅·威姆斯的那张照片时，我意识到，它对我是一个警醒，我不想那样，不想成为任何问题的共犯。我必须一直记住这一点，思考我在做什么，因为我知道自己是从哪里来的，我明白自己的出处，知道自己必须多么努力……我说不清那究竟意味着什么，但我确实知道：那张照片始终烙印在我的脑海深处。

FKA Twigs：在某些场合或晚宴上，我常常会感觉不对劲。现在我已经不去那些场合了，但当我刚刚进入音乐界的时候，在一些场合，我会发现自己显得……有异国情调，那感觉非常不舒服，我花了很长时间才厘清那种感受。要厘清那种真正深刻的、有创伤性的、对其他人来说很复杂的事，需要一种集体意识。在其他层面上，人们针对这些问题做精彩的演讲、写政论文章，这些有助我去理解为什么身为一个黑人女性，我有时会感到那么不适……我仍然在摸索。像我刚才说的，我没有答案，但我知道，看到卡丽在那张照片下用"共犯"这个词时，我像是被击中了……

马林：我明白。我经常会发现自己是整个房间、整个晚宴或整场艺术活动里唯一的棕色人种，但这种场面时而会以一种扭曲的双刃剑似的方式，给你带来好处……身为整个房间里唯一有异国情调的人，你可能因此得到某种良机，而我从卡丽那里学到：重点在于你如何利用那个良机……

FKA Twigs：噢，对。

It's a constant response to the world, but it's also leading the world

艺术创作是对世界的持续回应，但也在引领世界的走向

马林：这刚好可以引向我的下一个问题。我们再说回音乐，在某些历史时期，音乐能够改变整个社会的文化表达，比如美国黑人运动、正值"越战"的 20 世纪 60 年代、朋克运动……你是否相信音乐依然保有那种革命性？

FKA Twigs：百分之百有。我认为这就是艺术做的事。不仅是音乐，是所有艺术创作。文化总是由艺术引领的：哪怕是不从事艺术创作或自以为与艺术无关的人，都会在潜意识中受到艺术作品的驱动。艺术家表达人们的感受，用一首歌、一段视频或一幅画。这有点像鸡和蛋的问题：先有鸡还是先有蛋？艺术创作是对世界的持续回应，但也在引领世界的走向。这是艺术、文化和正在发生的社会事件之间的一种旋转舞。

马林：你的美学观是什么？

FKA Twigs：我跳钢管舞。刚开始的时候，你会以为最厉害的动作才叫美，比如劈叉、倒立、旋转之类的动作。但学得越多，我越发现美在于过程，在于引导你做出下一个动作的过渡过程，是那些大家本不会觉得美的东西。生活也一样。比方说，你以前觉得人生中最美的事莫过于买房子，但并不是……而是为了达成这一点所经历的转变，为此付出的多年艰辛努力，是吧？也许最美好的事是生孩子，但实际上，美就在之前那些年发生的各种事情里。美并不只在人生大事、事业上的重大进展、舞蹈的某个大动作里……有时候，你可以在为实现这些事而经历的笨拙转变中发现美。

马林：你最看重哪种赞誉？

FKA Twigs：我不知道。外界的赞誉总会让我尴尬，但我喜欢学生和老师、徒弟和师父之间的关系。要是老师说我有长进，或夸我表现好，那就是我最喜欢的认可。

马林：那么，你当上别人的师父时，比方说，你教别人

I think that people who
aren't themselves a
minority—who do not
themselves in a sector
society that is oppress
or misunderstood—ca
be problematic when t
only experience minor
through entertainmen
and sports

ad
f

-y
es

我认为那些不属于少数族群的人——
不觉得自己处于被压迫或被误解的社
会群落的人——如果只透过娱乐和体
育来理解少数族群，那就是有问题的

跳舞，这种关系会有怎样的改变呢？

FKA Twigs：比如在巡演中吗？

马林：是的。我在想象比如皮娜·鲍什（Pina Bausch）的作品……她的作品就是她的舞蹈团，每个舞者都是皮娜·鲍什。

FKA Twigs：坦白说，我觉得我从他们身上学到了很多。我们会交流各自的技巧。上次巡演中，我有四个伴舞：拉通尼娅（LaTonya Swann）、弗兰基（Frankie Freeman）、VJ（VJ Vea）和安德鲁（Andrew Perez），他们代表四种元素，我们互相学习。也许在我更年轻的时候，我在大家面前表现得更像个母亲，但我现在没法那样做了：我要我们更平等，让大家觉得我们团结在一起。当然，我知道那是我的表演，要按照我的想法去组织，但只要上台了，我希望我们之间有更平等的感觉。我不想有所谓的等级。我想给每个人创造的空间，在舞台上呈现他们各自的表演，有充分的自我时刻。

马林：你有没有反复做的梦？

FKA Twigs: 我的梦都相当黑暗，我肯定梦到过很多凶杀场景。

马林: 最能带给你灵感的是什么?

FKA Twigs: 恋爱和失恋。

马林: 你买的第一张唱片是什么?

FKA Twigs: 是"王子"（Prince）的一张专辑。

马林: 关于你自己，你能做的最诚实的表述是什么?

FKA Twigs: 我还在学习。

1　　　应指胡坚强，中国电影男演员，武术运动员。曾获全国武术冠军，其刀术、棍术、南拳均称绝一时，与李连杰合作过多部电影。现定居美国，推广中华武术。

2　　　伯格海恩（Berghein），全球知名的电音俱乐部，位于德国柏林。

U

M

A

UMA THURMAN
乌玛 • 瑟曼

NEW YORK, 2020

乌玛·瑟曼是一位美国演员、慈善家。1994年，她在昆汀·塔伦蒂诺的电影《低俗小说》（*Pulp Fiction*）中扮演米娅·华莱士，在国际影坛崭露头角，并凭借这一角色获得奥斯卡奖、英国电影学院奖和美国金球奖的提名。后来，她与昆汀再次合作，在《杀死比尔》（*Kill Bill*）、《杀死比尔 2》中扮演了女主角，得到两次金球奖提名。身为众所周知的好莱坞一线演员，乌玛·瑟曼还制作并主演了电影《神经性失明》（*Hysterical Bilindness*），斩获金球奖。

　　我第一次见到乌玛是在哈德逊剧院的后台，当时她因主演《巴黎女人》（*The Parisian Woman*）而首次登上百老汇舞台。我们在剧院内拍了些肖像照，留下了珍贵的记录。我与她的第二次见面则是截然不同的体验，地点就在她位于纽约上州伍德斯托克的家里。我们进行了一次尖锐而具启发性的交谈，身穿白色长裙的乌玛全程坐在她家花园里的一块大石头上。一位轻盈的女神：电影里，她是强电流般的有力存在；面对面，她也是如此。乌玛·瑟曼拥有一种自然原力。

乌戈·韦尔塔·马林： 对艺术来说哪个更重要——创意还是执行力？

乌玛·瑟曼： 两者同样重要。创意和实现创意的执行力。可能某个想法看上去很糟糕，但在执行过程中却揭示出某种深刻的真理和人性，使整个创意发生扭转。同样，某个想法看似美妙，但可能执行得很拙劣，就偏离了正轨，所以，我认为这两者是密不可分的。

马林： 我看过一些报道，说你为了扮演《杀死比尔》中的角色，接受了三种派别的中国功夫和剑术训练；还有，在《女性瘾者》中扮演 H 夫人时，你必须发出"动物般的嚎叫"。你创造一个角色的过程是从哪里开始的？

瑟曼： 总是从剧本开始的——在剧本里找到象征角色内心挣扎的东西。有时我也从生活里找，有些我见过的、认识的人会触发我对某些特定内容的反应。所以，我结合了剧本里的象征物和我自己的观察——既有自我的内省，也有对他人的观察。

马林： 怎样把人性带进这些角色里？

瑟曼：要我回答的话，这么说吧，我不知道怎样不带入人性。我不知道怎么抛掉人性，我没有选择。

马林：涉及 H 夫人这样极端的角色时，拍片现场会不会更像是一个准备好了的舞台？在片场时，你是怎样进入那种氛围感的？

瑟曼：嗯，那真的是由剧本决定的。不过，比方说，我事先构想了 H 夫人在《女性瘾者》里的一组镜头，因为那是一场独白……

马林：在我看来，光是那场表演就镇住了整部电影，还是在这么短的时间里。

瑟曼：没有人真的和她交谈，没有人真正地回应她；她有整整七页的和别人的对话，但其实只是在跟她自己说话。她自问自答，再主动提出新的想法，又反驳自己，她折回去，再讲一个故事……所以，以那场戏为例：我是把它当作七页的独白去构想表演的。

It's interesting sometir
to play a character whe
might be deluded into
believing they are invu
but the whole
aspect of what makes
human is that we are a
vulnerable

s

erable,

有时，扮演一个可能误以为自己无懈可击的角色还蛮有趣的，但我们之所以为人，归根结底是因为我们都很脆弱

马林： 我有一种感觉，表演者的一个志向，是要变得不那么害怕——也许不只是在演艺中，甚至在生活中也一样。你认为脆弱在表演中会起到重要作用吗？

瑟曼： 我认为脆弱始终存在，那是在人性里的。没有哪个角色完全没有弱点。有时，扮演一个误以为自己可能无懈可击的角色还蛮有趣的，但我们之所以为人，归根结底是因为我们都很脆弱；不管你是否相信有更伟大的真理存在，我们都是凡人，我们脆弱，就像一片叶子上的小飞蝇。

马林： 我想耻辱感也能归入同一个范畴。

瑟曼： 确实如此。

马林： 对我来说，耻辱感这个概念的有趣之处在于它打破了表演者和观众之间的那堵墙。

瑟曼： 我认为，观看角色体验、消化他们内心的耻辱感或与其斗争，能创造人与人之间的深刻联系，而这些往往是非常私密的体验。喜剧演员可以让耻辱感变得更加公然可见，但我认为戏剧创作更像是在分享秘密，普世存在的秘

密——所以其实并不是秘密，但耻辱感企图把这种秘密藏起来。

马林：作为表演者，你是否经历过耻辱感？

瑟曼：只有当我无法与剧本产生联结的时候才会有。如果我找不到真实感，或者发现自己与素材之间有某种冲突、发现自身有缺陷，以至于我不能诚实地去表达，而不得不用某种不真实的方式去表演或应付，那就会让我感到羞耻。

马林：你认为应对意外和偶然对演员来说重要吗？

瑟曼：偶然和意外都真实存在，会在你表演的时候发生。我认为，时刻在场和保持真实就意味着你必须随时待命，为任何意外做好准备，这也是它令人兴奋的原因之一，特别是在现场表演中。

马林：有时候，一场侥幸或一个失误，反而让事情变得很特别。

瑟曼：是的。

Acting has just been part of the path of my life, not an artificial choice

表演只是我人生道路的一部分，不是刻意的选择

马林：你的美学观是什么？

瑟曼：我认为，美和你对真理的深层认知是一致的。那是你能发挥出的最有变革性、最美好的力量。

马林：谈到电影制作，你认为艺术对电影有影响吗？或者说，现在的电影靠什么助力？

瑟曼：不知道。我想，如果有些东西让人灵光闪现，或者很美丽，它就会成为艺术，但在别的情况下，它只是消遣，但如果制作精良的话，又几乎算得上是艺术品了。所以，我觉得艺术可能和美差不多，都存在于看得见它们的人眼里，仁者见仁，智者见智。

马林： 你觉得，电影人描绘美的方式和艺术有所关联吗？

瑟曼： 简单来说，伟大的导演都是视觉艺术家。所以，导演的工作在很大程度上会与所有视觉艺术形式产生关联，这并不令人惊讶。我和很多热衷于研究视觉艺术的导演合作过，比如詹姆斯·伊沃里[1]，他会从提香等古典画家或经典文学作品中汲取灵感，独具风格。他是钻研艺术的伟大学者，也是一位伟大的艺术家。非常特别的导演。

马林： 你认为电影创作者在以一种持久的方式帮助演员塑造形象吗？

瑟曼： 很多伟大的导演确实就在做这一点。

马林： 纵观电影史，你希望参演谁执导的电影？

瑟曼： 英格玛·伯格曼。

马林： 在帝国衰落的过程里通常会出现伟大的艺术品，这很耐人寻味……

瑟曼： 是的。

马林： 我们现在的文化议题里就有抵抗的概念，它说的也是更大的斗争——女性、黑人、拉丁裔、跨性别群体的权利……

瑟曼： 这些都在剧烈地引发痛苦。

马林： 演员在社会上扮演了什么角色？

瑟曼： 我想说的是，作为演员，你并不只是你自己，做演员意味着去发现别的事物、别的人和别的文化，这份职业给我的人生带来了无法估量的丰饶内涵。所以，我想演员可以在剧院或艺术作品中扮演任何角色，但要我描述出一个具体的社会角色是不可能的。表演只是我人生道路的一部分，不是刻意的选择，你知道，就是一步一步走过来的。

马林： 越来越多的艺术家成了名人，你对此有何看法？

I feel shame if I someh
can't find something th
is true, or if I find there
is some kind of conflict
flaw for myself with th
material that means I
deliver it honestly

w
at

or

n't

如果我找不到真实感，或者发现自己
与素材之间有某种冲突、发现自身有
缺陷，以至于我不能诚实地去表达，
那就会让我感到羞耻

瑟曼：我真的觉得名人就是一群自己造出来的动物。我对名人本身没兴趣，但我看到有些人充分利用了出名这件事，把它转变为自己的艺术创作形式。反正我对这种事提不起劲。成为名人从来都不是我的兴趣所在。

马林：在职业生涯的哪个节点，你觉得自己是个成功的艺术家了？

瑟曼：我不知道，大概就在这几年吧。舞台剧对我来说一直是非常大的挑战，也一直让我极其紧张。

马林：你担心自己被过度曝光吗？

瑟曼：不，早就不担心了。我已经很久没有接受采访或就某些事发表意见了……我以前会，但现在不了。

马林：最能带给你灵感的是什么？

瑟曼：我认为是写作——不是说我自己写，而是读别人的作品。嗯，我想是阅读吧。

马林：你买的第一张唱片是什么？

瑟曼："金发女郎"乐队（Blondie）的专辑。

马林：你对戛纳这样的大型电影节有什么看法？

瑟曼：电影节都很有意思，可能还有点疯狂，不过这些电影节对支持和促进电影发展至关重要。电影节为我打开了电影的世界，我很喜欢——你在别的地方找不到那种感觉。我觉得电影节都棒极了。

马林：关于你自己，你能做的最诚实的表述是什么？

瑟曼：我不太喜欢谈论自己（笑）。

1 　　詹姆斯·伊沃里（James Ivory，1928— ），美国电影导演、监制及编剧。以拍摄亨利·詹姆斯、简·奥斯汀等人的经典文学作品改编而成的电影享誉国际影坛。

IS

AB

EL

ISABELLE HUPPERT
伊莎贝尔·于佩尔

NEW YORK, 2019

LE

伊莎贝尔·于佩尔是一名法国演员。她曾在巴黎东方语言文化学院学习俄语，同时在国立高等戏剧艺术与技术学院（ENSATT）和国立巴黎高等戏剧艺术学院（CNSAD）进修戏剧。2005 年，在两度获得最佳女演员奖后，她又一次被威尼斯电影节授予特别金狮奖。她也曾两度获得戛纳电影节最佳女演员奖，并曾担任戛纳电影节的主持人、评委和评委会主席。凭借在《她》（*Elle*）中的精彩表演，她还赢得了美国电影电视金球奖剧情类电影最佳女主角奖和奥斯卡最佳女主角奖提名。

我们在纽约见面，当时她正在排演舞台剧《母亲》（*The Mother*）。在她的公寓里，我们趁她给自己化妆的时间，畅谈了电影、美和表演。她毫不费力便做到一人千面，似乎不断地将自我剥离出去，这让她的每次表演都令人屏息凝神。她的表演无所畏惧，几近传奇，或许没有哪个国际明星能比伊莎贝尔·于佩尔更凶猛地去挑战女性在电影中的传统行为规则。

I only see the different shades of human nature—the ambiguities and complexities—and I think cinema is the ideal medium to express these ambiguities

我只是看到人性的不同面向——那种暧昧、复杂——我认为电影是表现这种暧昧性的理想媒介

乌戈·韦尔塔·马林：有没有哪个特定的瞬间让你觉得电影吸引了你？比如有没有哪部电影让你永远难忘？

伊莎贝尔·于佩尔：有，我记得，有一部苏联电影叫《雁南飞》。法语片名叫"Quand passent les cicognes"，俄语原名叫"Летят Журавли"，它是苏联导演米哈伊尔·卡拉托佐夫拍的，饰演女主角的是一位出色的俄罗斯女演员，塔吉娅娜·萨莫依洛娃。这部电影在 1958 年拿了戛纳电影节金棕榈奖，讲的是第二次世界大战时的故事。那是我很小的时候在电视上看的，那是第一部真正打动我的电影。

马林：我想多了解一些对你产生过影响的事，因为我觉得大部分你选择参演的电影都不太寻常，比如《情人奴奴》（*Loulou*）、《钢琴教师》（*La Pianiste*）、《她》，都是很残酷的电影……

于佩尔：是的。

马林：我们不常看到这样的电影，而且，你似乎不害怕去审视人性的阴暗面。你怎样选择自己要出演的角色？

于佩尔：我只是很自然地做出了选择。那些都是很棒的角色，我不知道……我先读剧本，在真的去表演之前，我没有想太多。我对一个角色产生兴趣与角色本身关系不太大，我更关注的是与某种类型的导演合作。我的意思是，要不是迈克尔·哈内克[1]执导《钢琴教师》，我不敢肯定自己会不会去演它。我也没有看出这些角色有什么坏处，我只看到好的一面。我只是看到人性的不同面向——那种暧昧、复杂——我认为电影是表现这种暧昧性的理想媒介。

马林：艺术可以让那些隐藏的东西浮出水面。

于佩尔：没错。

马林：你觉得这些角色强调了女性赋权吗？

于佩尔：让人们注意到这样的女性，更具体来说，注意到这些角色，从这个层面上说是的。这些角色间是有关联的，她们都是幸存者，尽管不一定是赢家，我认为这可能也更贴近现实。但这未必是在强调女性的力量或者在反讽男性。这些角色强调的是她们的脆弱、她们的弱点，她们当然把女性置于中心位置，当然，这也足以让我在某种程度上称之为"女性赋权"。

马林：对于这样复杂的角色，你如何为她们塑造美学意义上的形象？

于佩尔：你知道，不管你扮演什么角色，都有塑造的过程。美感始终是一个重要因素。你必须创造出一个角色，这意味着创造出一样离你很远，但同时又很贴近你自己的东西，这就是难题所在。你扮演角色的时候，很明显，你就戴上了一个面具，但面具后面的人是你自己，那就很微妙，因为我相信这个角色必须始终带有你的某种属性；否则，你就会失去和这个角色的亲近感。但这个小游戏很好玩——怎样创造出一个角色，同时让她成为只属于你的角色。听上去很简单。

马林：你在表演时所用的肢体语言呢？你会提前想好吗？

于佩尔：肢体语言另当别论。我认为每个角色都有自己的肢体语言，从头顶到脚心。它们帮助塑造了角色。比方说，我在《她》和在《钢琴教师》中的走路方式是不一样的。对我来说，鞋子是塑造角色的核心要素。只要有人问我："你怎么把握这个角色？"我总是回答说："用我的鞋。"这当然是说笑，但你穿平底鞋还是高跟鞋走路就是不一样，鞋子能决定你走路的样子，也决定了你的世界观。

马林：在你的一些电影中，你似乎有种对巴洛克风格、对怪诞的偏好。你认为吸引力和排斥力能够共存吗？

于佩尔：这个嘛，取决于你所说的吸引和排斥是什么。对某些人来说有排斥力的，可能对一些人就有吸引力，而对一些人来说有吸引力的，可能对其他人就有排斥力。它们没有确定的定义。

马林：纵观整个艺术史，恐怖一直根植于美。

于佩尔：千真万确。

马林：这是个有趣的议题。我最近读了一篇文章，它讲到西方艺术中的怪诞美学是如何与女性联系在一起的。当然，怪诞不仅仅是女性艺术家才"拥有"的，我们也看到酷儿艺术家们在这个领域的表现，都很有意思。感觉像是艺术家们正在这样集结力量，让被边缘化的小众群体获得权力，或者挑战禁忌、改变道德和陈规。

于佩尔：但我不认为怪诞美学就一定是属于女性或酷儿艺术家群体的。我的意思是，几个世纪以来……比方说画家博斯（Hieronymus Bosch），他就知道怎样精妙地描摹怪诞。

马林：是的。但如果去回顾西方当代艺术，比如辛迪·舍曼[2]或玛丽莲·明特[3]，她们创造出的那些骇人身体好像是对社会标准的一种回应，这就又回到了刚才提到的女性赋权问题。

于佩尔：是的。就辛迪·舍曼这样的艺术家来说，她跨越了你提到的这些界限，也探索了性别的局限。身为男人意味着什么？身为女人又意味着什么？像辛迪那样深入这个问题是非常了不起的。

马林：我记得她制作了一系列被肢解的塑料娃娃，把它们放置在各种暴力场景里。与其说情色，不如说是恐怖……

于佩尔：没错。

马林：你的表演生涯也跨越了许多这样的边界，以一种非常挑衅、深刻的方式探讨了羞耻和情色的概念。

于佩尔：在《她》中有一句有趣的台词，我扮演的角色说："羞耻感当然不是一种阻止我们去做任何事的情绪。"

马林：所以，她超越了耻辱的概念。

于佩尔：是的。我扮演的角色在办公室里遭到一位女同事的质问。这位女同事刚刚发现自己的丈夫和另一个女人上床了，而那个女人就是"我"——但当然，她不知道这点。

于是我的角色就说出了这句关于羞耻的台词……在大多数情况下，羞耻感可能取决于他人，但它本身又是个非常复杂的主题，因为你会在很多情形中感到羞耻，不好说。这个议题太大了，说不清……

马林：身为一个表演者的羞耻感是怎样的？

于佩尔：作为表演者，你不会有任何羞耻感，因为你的一言一行都成了隐喻，目的是塑造你在扮演的形象。对表演者而言，不存在羞耻。我在表演时从未有过羞耻的感觉。而在现实生活中，会让你感到羞愧或遭到羞辱的情况就太多了。但这很有趣，因为当你在表演时，界限可能是很细微的，你明白吗，如果你能后退一步，可能就发现自己站在错误的一边了。但如果表演很正当，并被正确地观看了，那我相信它有保护力——没什么能真的伤到你。

马林：幽默似乎是你创作中的一个关键元素。

于佩尔：是的，的确如此。

马林：你如何界定讽刺在创作中的位置？有时如果没有反讽，整场表演就会很阴暗。

于佩尔：你可以在任何地方看到反讽。我正在排一出叫《母亲》的舞台剧，是法国剧作家弗洛里安·泽勒（Florian Zeller）的作品，非常黑暗，讲述了一个生病的母亲因为孤独而发疯，但其实，这部剧作该算是黑色喜剧。总的来说，在过去几年里，我一直强调角色的幽默感。我认为，在所有伟大的文学、戏剧或任何一种表达方式中，喜剧都很接近悲剧；它们总是殊途同归。

马林：绝不会错的组合。

于佩尔：是的。而且也制造出了距离感，有助于削弱人物过分多愁善感、矫情悲悯的倾向。这是关键所在。我不认为情感来自感伤或痛苦。情感源于别的东西，来自某种冷漠——这才是可能出现情感的时刻。

马林：表演过程中的偶然事件或意外会起到什么作用？

I don't think emotion co
from sentimentalism o
pathos. It comes from
something else, it com
from a certain kind of
coldness, and that is w
emotion is possible

nes

s

en

我不认为情感来自感伤或痛苦。情感源于别的东西，来自某种冷漠——这才是可能出现情感的时刻于佩尔：啊，那可是核心啊。因为电影就是关于随机和意外的。法语中有个词：l'impondérable，意思是无法预估、不可预料的，电影就是这样的艺术。某些事情的发生会完全超出我们的意料，就那么蹦出来了，最重要的是，电影是关于瞬间的艺术。

马林：在你看来，演员在社会上扮演了什么角色？

于佩尔：哦，我不知道。我没有一个答案，因为我不觉得自己扮演了什么社会角色。我只是自己的角色。我觉得表演是我和自己之间的事，这就足够了。另一方面，我觉得，你和自己之间的故事终究也会变成你和其他人的故事，因为你在某种程度上就是其他人。

马林：是一种映射。

于佩尔：在某种程度上，是的。

马林：纵观电影史，你希望参演谁执导的电影？

于佩尔：阿尔弗雷德·希区柯克。

马林：我能想象……希区柯克的所有作品都充满了文化指涉，每一场叙述都有很多层面。这样说来，你认为视觉艺术是如何影响电影的？

于佩尔：这个问题有点难了，因为我不是导演。作为一个演员，我倾向于本能地遵循节奏和音乐。表演不是关于美学和视觉的艺术，而是关于节奏的，因而也关乎音乐。我觉得美学是导演的事。

马林：那么，作为演员，你认为表演的归属权在谁手里？

于佩尔：可能属于观众。我认为，即便是同一部电影，对每个人来说都是不同的体验。每个人会对一部电影产生不同的看法，这也是伟大电影的厉害之处。现在，出于我常选择的角色的关系——她们往往立于故事的中心点——我其实可以在导演的电影中创造出我自己的电影。导演导出一部电影，剧本写出一部电影，演员演出一部电影；最终的成果是这些想象过程的团聚。

马林：你的美学观是什么？

于佩尔：好吧，我可以说，美与自然有关，但我并不太确定，因为当涉及表演和演出的时候，美也必然和人工制造有关，你明白吗？所以，我也不会反对人造美；我不会说自然就是美，人造的就不美。人造的部分也是表演的组成部分，是任何一种艺术表现方式里的一部分，不仅是电影，在绘画和各种艺术创作中都是……美也在人造物中。

马林：越来越多的艺术家成了名人，你对此有何看法？

于佩尔：嗯，现在"名人"的概念和以前太不一样了。首先，以前这个地球上的人比较少，所以参与到各种事情里的人也少，然后，当然，随着社交媒体和一切的发展，"名人"的概念发生了巨变。对我来说，名人并不意味着一天到晚在公众面前露面。

马林：在职业生涯的哪个节点，你觉得自己是个成功的女演员了？

于佩尔：我觉得永远都不会有这种感觉吧，因为这在某种程度上只是个抽象的概念。有些时候，是的，你得到了大家的认可和赞许，但那只是相对的、一时的，而那种感觉必须一直有才行；否则，我想你作为演员的状态会很糟糕。

马林：关于你自己，你能做的最诚实的表述是什么？

于佩尔：我是个挺好的人。

1　　迈克尔·哈内克（Michael Haneke，1942— ），奥
　　　地利电影导演，生于德国慕尼黑。米夏埃尔·哈内
　　　克的作品可分为奥地利时期跟法国时期，以社会议
　　　题而闻名于世。2001 年的《钢琴教师》为他拿下第
　　　54 届戛纳电影节评审团大奖，以及双料最佳男、女
　　　演员。

2　　辛迪·舍曼（Cindy Sherman，1954— ），美国艺
　　　术家，以概念艺术肖像闻名，她在一系列摄影作品
　　　中自己充当主角，有时刻意女扮男装，试图颠覆既
　　　有的女性或男性印象。

3　　玛丽莲·明特（Marilyn Minter，1948— ），美国
　　　艺术家，以情色绘画和摄影作品闻名，其视觉风格
　　　模糊了商业与高雅艺术的界限。

JE

N

JENNY HOLZER
珍妮·霍尔泽

HOOSICK, NEW YORK, 2020

NY

四十多年来，艺术家珍妮·霍尔泽在公共空间和国际展览上展现了她尖锐的想法、观点和悲伤。她采用的媒介都是文字——无论是在 T 恤、铜牌还是在 LED 灯上，而在她的作品中，公共层面是不可或缺的元素。珍妮在艺术生涯中获得了诸多奖项，包括威尼斯双年展金狮奖、世界经济论坛水晶奖，以及巴纳德杰出成就奖。

　　在一个温暖而宁静的夏日下午，我从纽约市驱车三个半小时来到胡西克（Hoosick），见到了珍妮。我们先在她的庄园里散了散步，找到一个舒服的地方，开始了对谈。几十年来，珍妮把词句投射在山脉、海浪和岩石等物体的表面。到外面去——这是她最重要的灵感来源，因此，在这样的自然环境下与她见面实属我的荣幸。从她 20 世纪 70 年代的纽约市海报，一直到她最近的景观、建筑灯光项目，她的创作素以幽默、善良和勇气向无知与暴力发起挑战。艺术界的卫冕明星珍妮·霍尔泽拥有一片完全属于她自己的艺术领域。

I like to make the floor drop out from under me and everyone else

我喜欢让自己和人们脚下的地板落空

乌戈·韦尔塔·马林： 让我们先谈谈你作品中语言和材料间的强烈关系吧——大型投影、LED 显示屏、T 恤、铜牌、石凳、印刷海报、避孕套……你是怎么决定使用哪种物质材料的？

珍妮·霍尔泽： 创作往往是从内容开始的。我喜欢内容——最好是有点难度的，或至少是切中时弊的。有时，文本会随之而来，它会需要某种特定的媒介。还有些时候，文本非常灵活——甚至很杂乱——几乎可以出现在任何地方，海报、上衣、石凳上都可以。比较严肃的文本好像尤其适合用石头，当我想呈现的字数较多时，拥有一个大脑袋的电子显示屏就会是它们的幸福归宿。

马林： 有些文字特别适合大理石，是因为在石头上刻字会让人想到不朽吗？

霍尔泽：也可能是想到生命有限。

马林：对。

霍尔泽：我喜欢看不同的媒介和材料以不同的方式感染文字的内涵，它们甚至会改变你阅读的方式。

马林：如何改变？

霍尔泽：人们可能会用手来阅读石头。我注意到人们用手指去摸索字母——当然，同时也用眼睛和大脑去读。电子显示屏那种转瞬即逝、闪烁的呈现方式也很独特。

马林：这样说来，空间在你的创作中扮演了什么角色？

霍尔泽：我喜欢做一个装置艺术家。当我心里想着整个环境的时候，我的创作会更好。它比仅制造一个物件并让它去代表一切更好。我喜欢令人印象深刻的环境。我喜欢让自己和人们脚下的地板落空。我给周围的空气涂上颜色——环境应该呈现意义。

马林：我懂你的意思。我一直觉得你的作品要是在泰特现代美术馆的涡轮大厅里展出，效果一定特别棒。

霍尔泽：是啊，但我需要美术馆先邀请我。最好别擅自闯入（笑）。

马林：（笑）在时代广场或世贸中心这种巨大的公共空间里创作，和在博物馆或画廊环境里展示作品有什么不同？

霍尔泽：户外公共空间和博物馆会有一部分重合，但去艺术博物馆的人多半是真的在思考艺术，而街上的人想的是午餐、恋爱、金钱、电影……所以，机会和挑战不一样。要吸引路人们的注意力，又不能显得廉价或哗众取宠，这需要费点心力。博物馆提供了比较平和、安静的环境，观众里至少有一部分是专家，可能和你一样热爱艺术，这应该算一种奢侈。

马林：对于不同的观众，艺术语言会发生怎样的变化？

霍尔泽： 我通常会努力让文本更好懂，因为我希望内容能确凿地传递出去。也就是说，我在博物馆里呈现的文本内容可能会比在街上传递的更多，因为我有理由期待观众的注意力在室内保持得更久。夜里的灯光投影可以用较为诗意的文本，因为人们入夜后可能变得更沉静，更静得下心来进入作品和逗留。

马林： 真棒。那么，被委托创作的作品和你出于自己的内心创作的作品有什么区别？在这两者间切换的感觉如何？这又会如何改变你的创作？

霍尔泽： 自发的创作项目，自由度会更高，就像我们身边的这个——一大摊水彩颜料从《米勒报告》[1] 上滴下来。我想美第奇家族应该不太会想要这种作品（笑），但我想看到结果。这将成为一组大作品——我可能会做大约五十幅水彩画——所以会有很多颜料流淌下来。

除非我有足够的自由去做适合那些特定空间和时间的东西，否则我就不接受委托，因为那就没意义了。

马林： 接委托创作的时候，会不会觉得更紧张？

**It takes some doing
to catch people's atten
in the street without be
cheap and sensational**

on
ng
t

要吸引路人们的注意力，又不能显得
廉价或哗众取宠，这需要费点心力

霍尔泽：嗯，需要关注的点会更多一点，而且各有不同。遇到好客户的时候，我能学到新东西，我喜欢这种互动。我自己的风格更偏向阴郁、黑暗、消极。我在世贸中心7号楼为希尔弗斯坦家族做项目时[2]，他们的态度很坚决：要传达乐观，但不要假装发生的事没有发生过，而是展望未来，保持建设性。虽然对我来说有点不同寻常，但很有意思，我很乐意去做。

马林：我注意到你有好几个为纪念公园所做的创作，比如诺德霍恩的黑园[3]、奥地利的埃劳夫和平纪念碑[4]。你是从什么时候开始对记忆的概念感兴趣的？

霍尔泽：我年轻的时候去过祖父母家乡的一座公墓，它在高高的河岸上，那儿有一张石凳，上面刻了一首诗，诗是诗人的遗孀选的，用来标记诗人的坟墓。我被那张石凳吸引了，因为人们可以驻足停留，眺望宽阔的河流，想起一位故人和他的音容。

因为我的创作风格偏向阴郁，于是开始有人来邀请我去做纪念性的项目。那时，我基本上已经不再写自创的文本了，所以有时候会用那些需要被纪念的人写下的文字。那些人或许是被杀害的，又或者死于某些本不必要发生的事件。可以依赖许多他人的文字是一种全新的体验，有一种解放的感觉。

马林：你的创作似乎与受害者共情。

霍尔泽：这么说吧，我想让好人，连同他们的美德、他们的言辞，永远和我们在一起。

马林：可以这么说吗，你的作品指向灵性？

霍尔泽：希望有那种感觉吧。我的灵性有点压抑（笑）。我没有任何传统意义上的宗教信仰，但我无比愿意带来最恰当的、能指向理性和更良善的行为的感觉。

马林：珍妮·霍尔泽在什么节点消失，那个无形、不可定义的灵性之音又在什么时候开始？

霍尔泽：噢，我愿意让自己尽可能地远离那个声音，因为——别的暂且不提——与它分离是一种解放，哪怕这不健康。我成为匿名街头艺术家不是出于偶然。年轻时，相对而言，匿名创作让我不太需要顾忌自己，也许这让我拥有了更响亮的声音。如果我在作品上署名"珍妮·霍尔泽"——一个没人听说过的二十多岁的女艺术家，那个署名反而会降低我的音量，我哪里都抵达不了。

马林：你的部分作品让很多人误以为出自男性之手，我觉得这也不是巧合。

霍尔泽：是这样的。

马林：你认为这是因为人们看到权威的东西，就会想到男性吗？

霍尔泽：当然。最早写《自明之理》[5]，然后是《煽动之词》[6] 的时候，我探索了各种主题，从很多立场去写，可能用两种、三种甚至四种性别的角度去写，也有些介于几种之间的声音。如果你想了解人们的动机，最好能尽量设身处地去想。除非他们是杀人犯，那样的话还是算了，别被带偏了（笑）。

马林：（笑）《自明之理》大概算得上有史以来我最喜欢的艺术作品之一。你能谈谈它的幕后缘起吗？

霍尔泽：我没耐性、注意力缺失，总是受此折磨，但我想以某种方式做出贡献。我想找出足够多的值得深思的内容，并用一种大部分人能看到、能读进去的方式呈现这些内容。《自明之理》系列是在我归纳一个大阅读清单时开始的。我素来喜欢陈词滥调，所以我想，把《自明之理》当作一种艺术形式是合理的。

**I desire to be anonymous
and largely invisible**

**我渴望成为匿名者、
不被看见**

马林：我们对历史的看法正在逐渐改变。你认为我们该不该对绝对真理持怀疑态度？

霍尔泽：嗯，现在人们对策略性的说谎所持有的怀疑和憎恶是实际的、健康的。我想到了特朗普总统。太多的相对主义是危险的，因为有些事确实就是犯罪，比如对大屠杀的残忍忽视。也就是说，我不希望把任何一个人的意愿或说法强加给所有人，好像那是思考或行事的唯一方式。那可能很卑鄙，会导致严重的恶果。

马林：如何描述你和写作的关系？

霍尔泽：备受困扰。不情愿的、有所畏惧的、心怀怨恨的、十分缓慢的……可以有很多这样伤心的描述。所以，可以在做纪念碑的项目中使用别人的文字、在投影上引用别人的诗句对我来说是一种巨大的安慰，弥补了我一个人的创作，并能呈现出比我自己所能做的更丰富的东西。我很荣幸能展示那些真正作家的文本。时不时也会有爆炸效应，比如最近在带有电子显示屏的卡车上做的创作[7]，我用了"COVID-19 总统""COVID-19 经济"这样的文字。我可以搜集这类文字，盗用时下的东西，然后点燃它们。

马林： 写下要被公开展示的文字和不做展示的文字有什么不同吗？

霍尔泽： 我在大部分情况下不保留笔记。曾经有个好心人，送了我几本漂亮的日记本，指望我能填满它们，但是最后，在看着它们空了十年、十五年后，我把它们转送给了一位诗人朋友。我渴望成为匿名者、不被看见，所以这可能会影响我展示什么、不展示什么，保留什么、不保留什么。

马林： 看起来，你似乎不怕去审视人性的阴暗面——杀戮、性暴力、滥用权力、战争、贫困。你的初衷是呼吁更多人意识到这些议题吗？

霍尔泽： 我希望强奸、杀戮、虐待、忽视、饥饿这些事减少，哪怕这么想好像不太现实。这是我的梦想。我的童年不太寻常，在苦痛这方面我有亲身体验，那是我了解的事。我确信世间有残酷，你知道，每天都有更多的证据证明这一点。

马林： 你认为自己是个政治艺术家吗？

霍尔泽：我是艺术家，也是一个有政治性的人，但我会在此做出区分。艺术创作不像投票或做社区工作那样直接、那样立竿见影，我不认为艺术可以一直或应该是实用的、功利主义的。然而，艺术常常可以把可怕或美好的现实与可怕或美好的表述捏合在一起，使人们有所意识、有所感受，然后采取行动。

马林：有时候，艺术可以担当社会变革的工具。

霍尔泽：是的。就说戈雅好了，他是伟大的艺术家，他不傻。

马林：你认为痛苦对艺术家来说重要吗？

霍尔泽：痛苦可以鼓舞人心，也可以很现实，并催生共鸣，但它也能让人变得很可怕。痛苦有两个方向可以走。我们应当为歌颂它们的艺术干杯！我是马蒂斯的粉丝，我太喜欢他的《生命的喜悦》（*Joy of Life*）了。我给不出一个公式来解释那种升华，它可能来自快乐，或来自痛苦，就像马克·罗斯科作品里的那样。

马林：但在你的作品里，有时恐怖也根植于美。你的美学观是什么？

霍尔泽：有一个简单的回答，但我认为它很精准：任何形式、任何表述中都会产生美，从极端的绝望到怪诞、可爱、清醒，其中都有美。所有滋味我都喜欢。

马林：你同意马塞尔·杜尚"另一半工作由观众来完成"的说法吗？对于观众和艺术品的互动，你怎么想？

霍尔泽：好吧，如果你幸运，观众就会完成另一半的工作！而且，我永远不会和杜尚争论。我肯定会输的（笑）。但我以前读到过，他那个臭名昭著的"小便池"是从一个女人那儿偷走的。你能想象吗？这故事太精彩了。你去搜一下艾莎·冯·弗赖塔格-洛林霍温男爵夫人[8]。她的人生故事足以改变你的人生。她的文字也很精彩。可以留意她搬去哪儿了，留意她的朋友，还有她的结局。

马林：那是怎么一回事？

霍尔泽：非常好玩，看起来像是真的。这是留给你的研究课题。我想你会很高兴认识这位男爵夫人的。她的死，一半是因为贫穷，一半是因为疯狂，你应该很熟悉这种故事，她前卫到极致了。

马林：我们熟悉那样的故事，它……

霍尔泽：很传统。

马林：是的。你认为女性艺术家在过去的几十年里，境况有所改变吗？

霍尔泽：当然。你知道，很多事在变好，但进程太缓慢了。越来越多的女性能够工作、受到鼓励、赚更多钱、更频繁地抛头露面。但就和这个国家的民权一样，当涉及艺术界的女性时，事情就错得离谱。前进得跌跌撞撞，进两步退一步，或者进一步退三步。我从没有想过，我都这把年纪了，一切还是这么愚蠢。

马林：越来越多的艺术家成了名人，你对此有何看法？

霍尔泽：我在《艺术新闻》（*ARTnews*）上看到过一些报道，说一家演艺经纪公司开始接纳艺术家群体了，有点吓到我了，至少是那些家境优越的年轻白人男性艺术家吧。这大概也情有可原；假如艺术家可以随心所欲地创作自己喜欢的东西，不需要打几份工养活自己，那当然是好事。在欧洲工作有一个美妙之处，艺术工作者会得到尊重和补贴，你可以心无旁骛地创作，把它当一个有收入的职业。

马林：在职业生涯的哪个节点，你觉得自己是个成功的艺术家了？

霍尔泽：当我攒了足够多的《自明之理》，可以按字母顺序去排列它们的时候。那之后，我觉得有希望拿出充足的内容给人们看了。

马林：你担心自己被过度曝光吗？

霍尔泽：我担心的是自己作为艺术家还不够好。如果大家去看艺术史，就知道有多可怕了！很多艺术家都很优秀，天赋异禀，那等于设定了一个你几乎完全无法企及的标准。

但试一下总没错。我正在为路易丝·布儒瓦 [9] 的作品展做准备。与她并肩，让人耗尽了精神，但又灵感无限。这次我的工作类似策展人，因而对她的成就了解得更透彻、深入了。我可以看到一个多么美妙、灵巧的头脑，加上一点痛苦、一点邪恶的幽默、失眠，还有一双伟大的手，如何源源不断地创造奇观。

马林：最能带给你灵感的是什么？

霍尔泽：遇到像布儒瓦这样的艺术家、去户外、看不到任何人，这就很好。眺望月色。

马林：你有没有反复做的梦？

霍尔泽：大部分情况下我都会克制做梦。自觉抑制的一种方式。偶尔也会有些东西冲出来。

马林：你买的第一张唱片是什么？

霍尔泽：我只记得那是张 45 转黑胶唱片。但我记得我的父母有田纳西·厄尼·福特（Tennessee Ernie Ford）的唱片，有首歌讲的是煤矿工人，不知道为什么，我会一遍又一遍放那首歌。"你挖出了十六吨，你又得到什么？／又老了一天，欠的债又多了一点。／你别叫我圣彼得，因为我走不掉，／我把灵魂押在矿厂小卖部了。"

马林：（笑）我喜欢这首歌。你对卡塞尔文献展、威尼斯双年展这样的大型国际艺术展有什么看法？

霍尔泽：我最近没参展，所以我不算很当下，不该乱发表意见，但我记得当年被邀请时我很高兴，也很紧张。在20世纪80年代初参加文献展，就像是上了一期艺术教育速成班，让人大开眼界。要代表美国前往威尼斯，这让我很慌。挺艰难的，因为我在那短短几年内一口气在迪亚（Dia）、古根海姆和威尼斯做了展览。那时我刚生了孩子，宝宝差点没活下来，和伴侣的关系也出了问题……

十几岁和二十几岁时我是个嬉皮士，那是在我母亲让我做个乖乖女之后的事。嬉皮士和乖乖女之间的反差与不和谐，加上后来我创作主题的多变，而且我还是第一位——还算是半个异见分子——代表美国前往威尼斯的女性艺术家，这些事都会令人慌张。

马林：关于你自己，你能做的最诚实的表述是什么？

霍尔泽：我觉得我不能告诉你真相（笑）。

1   《米勒报告》(*Mueller Report*)，由美国特别检察官罗伯特·米勒发布的有关俄罗斯联邦政府干涉 2016 年美国总统选举以及特朗普政府妨碍司法公正的调查报告。

2   世贸中心 7 号楼（Seven World Trade Center），属于世界贸易中心建筑群的一部分。旧楼于 1987 年落成，在"9·11"事件中倒塌。新大楼在 2006 年完工开幕。两栋建筑都是由希尔弗斯坦地产开发建造的。新大楼建成后，希尔弗斯坦地产邀请珍妮·霍尔泽在主大厅内创作了一个灯光装置，并由霍尔泽与克拉瓦·希尔弗斯坦（Klara Silverstein）共同选出在装置上显示的诗句。

3   诺德霍恩的黑园（Black Garden of Nordhorn），霍尔泽对战争纪念碑的再设计，以一个带十字架的圆形组建了一个花坛和小径，整体种植黑色叶子和黑色花朵的植物，并提供了五个砂岩长椅，上面刻有铭文。

4   埃劳夫和平纪念碑（Erlauf Peace Memorial），该作品意在纪念 1945 年 5 月 8 日盟军在奥地利的首次会面。它由三部分组成：一个带横梁的石碑、一块刻有图案的铺路用石板和一个花坛。

5   1977 年，珍妮·霍尔泽因《自明之理》(Truisms)而在艺术界崭露头角，这件作品由是由她个人撰写的近 300 条格言式的短句，按 A—Z 的顺序排列而成，这些口号般的警句和俏皮话是对社会中的陈词滥调和固有偏见的戏谑和反讽。

6　　　在《自明之理》大获成功之后，珍妮·霍尔泽继续以海报和宣传单的方式呈现着她的作品，她的《煽动之词》（Inflammatory Essays）与前作形式基本一致，一系列的百字短文被印刷在五颜六色的纸张上，但在文字内容上则更加激进、具有颠覆性，从而延续并强化了文字信息与观者的对话和可能引起的反应。

7　　　2020 年美国大选前夕，珍妮·霍尔泽在带着电子显示屏的卡车上写满文字，让它们驶向华盛顿和纽约。这些文字主要抗议时任美国总统的唐纳德·特朗普的某些言论与政策，以及美国政府对于"新冠"危机的不当应对。

8　　　艾莎·冯·弗赖塔格-洛林霍温（Elsa von Freytag-Loringhoven, 1874—1927），出生于德国的先锋派视觉艺术家和诗人。她于 1913 年至 1923 年活跃在纽约格林威治村，被认为是那个时代最具争议和激进的女性艺术家之一。艾尔莎与杜尚往来甚密，在其不少诗作和绘画中都表现过杜尚。甚至有人考证，杜尚最著名的作品《泉》的创意就是来源于她，是她在小便池上写上了"R. Mutt"并将其送给杜尚。

9　　　路易丝·布儒瓦（Louis Bourgeois, 1911—2010），画家、雕刻家，出生于法国巴黎，1938 年定居美国，以其大型雕塑和装置艺术作品闻名。

DE

BB

DEBBIE HARRY
黛比・哈利

NEW YORK, 2021

IE

黛比·哈利这个名字让人想到许多形象：一位开拓性的摇滚巨星、实力女歌手、耀眼的主唱、女演员、时尚偶像。作为一名持续活跃的影响全球的重要人物和流行文化的塑造者，黛比屡屡登上排行榜前列，她无畏的精神和罕见的艺术生命力让她携"金发女郎"乐队在 2006 年荣登摇滚名人堂。"金发女郎"无疑是我们这个时代最有影响力的乐队之一，她和另一位乐队创始人克里斯·斯泰因（Chris Stein）让摇滚、朋克、迪斯科和雷鬼的世界融于一体。

　　与黛比交谈时，我惊诧于她的声音竟那么柔和、悠扬。她的声音沉静、坦诚而清晰，也体现了这个在全球范围内售出五千多万张专辑、创作了众多备受赞誉的个人作品的女人的勇气与胆识。黛比的演艺事业也很成功，她曾在三十多部影视剧中扮演了各种角色。从一个不羁的纽约下城朋克女神到纽约范儿的国际代言人，黛比将永远是我们心中不灭的朋克精神的代名词。

The commercial forces that operate music are destructive to art, but art can't live without them

商业力量对艺术是有破坏性的，但没有商业力量的话，艺术也活不下去

乌戈·韦尔塔·马林：我相信，在艺术家有难以言喻的痛苦或愤怒时，他们所创作的艺术会更有意思……

黛比·哈利：嗯，那固然是一种酸楚的表达方式，但我也相信艺术创造了一种理解和平衡，你知道，痛苦和快乐、舒适和不适间的平衡，那是艺术创作中十分重要的一种能量源头。在任何艺术形式中都是如此。

马林：在朋克运动的鼎盛时期，我感觉纽约的乐队更喜欢从痛苦出发创作，而英国乐队更喜欢拥抱他们的愤怒。

哈利：嗯，我觉得可以说是贴切的，但我还认为，英国的朋克文化中有很多和爱尔兰历史有关的部分。你知道的，

爱尔兰岛北部对南部，那些渊源里饱含愤怒的情绪，持续了很多年。

马林：朋克时代不只有一种音乐风格，但不同的乐队会有相似的理念。华丽摇滚演绎颓废：松糕鞋、浓眼妆的男孩、大卫·鲍伊、雌雄同体。但我相信朋克更关注抵抗或反叛。

哈利：还有混乱和消解——颠覆音乐的理念。会有很多讽刺的内容：取笑习俗，取笑成人世界的规则，还有十多年前被公认为"恰当的行为"。还有很大一部分是关于性的，这非常明显。不再只是几个好哥们谈他们一路游历、搭讪几个下流女人，等等。朋克变成了一种更全面的看法，怎么看待社会习俗、道德，或其他随你怎么称呼的事情。

马林：这很有趣，我想到西方当代艺术中的怪诞美学跟女性和酷儿艺术间有着固有联系，两者不谋而合……我相信这就是安迪·沃霍尔的"工厂"吸引每个人的原因。被边缘化的生活方式和身份认同。那就像一场杂耍——来看看这些怪人吧！然后上流社会的所有人都屈尊下来看看——

哈利：是的，我认为在艺术领域有一种伟大的传统，它像钟摆那样来回摇摆。然后，就成就了反主流文化。这是一种激发社会能量的方式，也必然和积极进取的艺术家们有关。这是非常神奇的功能，一种激发能量的力量。所以人们蜂拥而来，你知道吗，因为朋克给了他们一种目的，或者说，生命的感觉。有时候，那是很好、很有趣、令人兴奋的事。我不知道这是不是应用于所有地方，但对于那些想在他们的生活中多一点锐气的人来说肯定是这样，然后，它会渗入社会的其他领域，最终被接受。要成为一种普世接受的生活方式，或风格、艺术、音乐，或任何东西，确实需要一段时间，我想，这就是朋克的魅力所在。

马林：沃霍尔的"工厂"如火如荼时，CBGB 和"马克斯的堪萨斯城"这些俱乐部也热闹非凡，任何梦想来纽约或在艺术界、音乐界发展的人都想跻身其中。你认为这些地方如何塑造了我们今天所看到的纽约？

哈利：那给了人们一种拥有和归属的感觉，一种身份认同和力量。我很早就体会到了这一点，在"金发女郎"在 CBGB 演出的时候。20 世纪 70 年代初，CBGB 还不是一个热门的俱乐部，我们会有很小一群观众，大概也就二十到二十五个人，后来他们成了追随我们的第一批听众。好玩的是，等到我们越来越出名了，观众也越来越多了，最早追随我们的那群人就变得非常不高兴，因为他们觉得我们属于他们，而他们正在失去我们。

马林：现在走过包厘街（The Bowery），会看到以前的 CBGB 变成约翰·瓦维托斯（John Varvatos）服装店了，会觉得有点怀念……你觉得现在纽约的地下文化还有以前那种氛围吗？

哈利：我认为还是有的。纽约一直占据了一个特殊的地位。不过，我觉得有些东西已经被磨平了，在某种程度上被禁止了。

马林：我同意，甚至在时尚界，尤其是回顾朋克时代，再对照当下的话，这又回到了你刚才说的关于归属和身份的问题。黑皮衣、乳胶、挂锁项链、镶了真鸡骨的 T 恤……把时尚当作政治工具来考量会很有意思。

哈利：噢，我的天，只要回顾一下历史，你就会发现这是显而易见的，它很有政治性，特别是在英国……举个最简单的例子好了：英国士兵以前叫"红衣军"（redcoats）。

时尚涉及各种各样的文化影射和亚文化，比如说"摩登族"（Mods）和"摇滚客"（Rockers）不共戴天。他们的服饰就是政治宣言，也代表了他们在社会上属于什么族群、什么阶层。通过符号来思考身份问题显然是很有趣的。

马林：考虑到时尚的能指，还有一个许多乐队用过但令人厌恶的主题：万字符（卍）。很有意思的是，回头去看有些朋克乐队当时的采访，他们提到自己使用最有争议的禁忌图腾并不是出于政治诉求，甚至也不打算指涉种族问题，而是因为性。迪·迪·雷蒙[1]就曾说过他对纳粹用的符号很着迷。

哈利：你知道他是在德国长大的吗？他的父亲是军官，这对他影响很大。

马林：没错。我认为就像你之前说的，更多的是与颠覆观念有关，用时尚和音乐的力量去加以对抗。历史上有过几个时期，文化语言被服装和音乐改变了。你认为音乐依然能有那种革命性吗？

哈利：我真的不知道。科技接管了这件事，在人与人的交流这方面，它开创了一种平等的环境。我无法预测未来将走向何方。

马林：音乐显然已不再是男孩们的世界。你认为在这几十年里，对于这个行业中的女性而言，发生了哪些变化？

哈利：女性音乐人被接受，证明了自己的价值，但只要有什么东西开始变得值钱，我敢说它就完蛋了，毫无疑问。艺术和商业无法交融，但它们都起了推动作用，改变了既定标准。也许这和我们前面说到的怪诞与美之间的协同也有关。商业力量对艺术是有破坏性的，但没有商业力量的话，艺术也活不下去。

马林：艺术反映社会，让我们了解人们是如何生活的。你认为当代音乐是否象征了现代社会的空虚？

哈利：嗯，不……从某些方面说，这是品位的问题，但不知怎的，人们总可以辨别出用算法创作的歌曲和发自愤怒或情欲而创作的歌曲。两者的区别非常大，这的确与人的本能、荷尔蒙和别的很多东西有关。你可以照着一个公式走，但它不会让你有长进，让你达到目的。需要有些什么别的东西在背后。

I guess it is always a search, you know, internal and external; that kind of exploration is really important for an artist

感觉永远在寻觅，向内和向外寻觅；这种探索对艺术家来说真的很重要

马林：我在想，这个说法是不是也适用于表演。表演过程中发生的偶然事件或意外，你认为它们起到了什么作用？

哈利：噢，绝对的！你会听到爵士音乐家常说到这个，我做"金发女郎"乐队的那些年里也深有同感。那是最让人兴奋、最特别的事了，也真的可以让你学到很多东西。想象一下，所有人在同一时间停下来，或者每个人都弹错了，或者突然出现某种疯狂的气氛，然后你进入新的状态。这种感觉在某种程度上就像电击，或撞到了手肘的某根神经……对我来说，那确实是表演时可能出现的特殊魔法。可惜，魔法不会天天发生，但是，至少我在其中找到了真正的灵感。

许多年来，我们的现场表演都没有存档，没有录音、录像或任何记录。我们就上台唱，然后烟消云散，我经常会想这件事。我觉得，不知道，有时会因为没有留下记录而遗憾，但另一方面，我又觉得这样反而更好，一切就这样消散，变成某种能量场的源头……

马林：我完全理解。我还想知道，性在表演中，或者更广泛地说，在音乐中，是否也构成了重要的元素？

哈利：我认为一切都和性有关。唯一与性无关的是政治。除此之外，世界上的万事万物都和性有关——你听的、读的东西，你住在哪里，你和谁在一起。

马林：你是否觉得自己和音乐的关系随着时间的推移发生了改变？

哈利：我的内心和我对音乐的感觉没有变过。我想我永远都会保持这种心态，谢天谢地。当然，作为艺人和歌手，我在专业度上肯定有长进，或有退步，怎么评断都行。我不再像过去那样是小孩子了，但我认为自己在理解音乐时的纯真和稚气一如往昔。

The only thing that isn'
about sex is politics.
Everything else in the
world is about sex: wh
you listen to, what you
read, where you live, w
you are with

o

唯一与性无关的是政治。除此之外，
世界上的万事万物都和性有关——你
听的、读的东西，你住在哪里，你和
谁在一起

马林：你在流行文化界的涉猎不仅有音乐，还包括了表演和电影，你也与视觉艺术家们合作。你和艺术保持着怎样的关系？

哈利：我受艺术启发。在学校读书时，我就喜欢研究艺术。我以前还有雄心壮志，想成为画家之类的，你知道，一种自然的天性。

马林：你们乐队甚至在《金发女郎 4(0)》（*Blondie 4[0]*）专辑的封套上用了 1980 年沃霍尔的画像——非常有魄力的画面。回想当年，你和沃霍尔的关系如何？

哈利：这么多年过去，那些事已经被夸大了，但我很喜欢安迪，很欣赏他的作品。他就像 20 世纪的文艺复兴者，非常酷，而且他在一个"出柜"尚未流行的年代里无所顾忌地用作品"出柜"，我很钦佩他的勇气。我希望当时能有机会去了解他更多，但我觉得我们当时只处在一段非常美好的友谊的开端而已，所以，能认识他真的很幸运。

马林：你认为艺术对你的创作有影响吗？

哈利：我一直对超现实主义很着迷，也试图把它融入"金发女郎"早期的一些现场表演，比如有一次我抱着一只鱼缸上台唱歌（笑）。我想，能有艺术作为基础，对我来说是非常好的。感觉永远在寻觅，你知道，向内和向外寻觅；这种探索对艺术家来说真的很重要。

马林：艺术家开始成为名人，你对此有什么看法？

哈利：不知道——我的意思是，每个人都要非常努力地谋生、讲述自己的故事。我去古根海姆看了一个展览，那位女艺术家终生创作却不出名，我无法想象那是怎样的创作人生，因为艺术需要交流。但这种事确实存在；而且相比于男性艺术家，可能女性更常见，因为女性长期以来都没有真正地进入艺术界。

马林：在职业生涯的哪个节点，你觉得自己是个成功的艺术家了？

哈利：我想是在 20 世纪 80 年代吧。但这必然要说到商业化——成不成功并不取决于你是不是个伟大的艺术家，但它和成为商业的一部分有关。身为一个成功的艺术家，我不知道自己会不会有满意的时候。

马林: 你买的第一张唱片是什么?

哈利: 卡尔·谢德[2] 的《非洲蓝》(*Afro Blue*)。

马林: 关于你自己,你能做的最诚实的表述是什么?

哈利: 我的幽默感还不错。

---

1   迪·迪·雷蒙(Dee Dee Ramone,1951—2002),
     朋克音乐先驱"雷蒙斯乐队"(Ramones)的创始成
     员、贝斯手。

2   卡尔·谢德(Cal Tjader,1925—1982),美国拉丁
     爵士音乐家,被誉为最成功的非拉丁裔拉丁音乐家。

AG

N

È

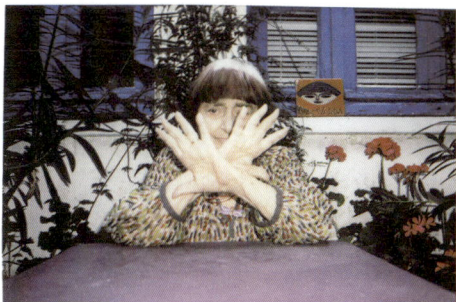

AGNÈS VARDA
阿涅斯·瓦尔达

PARIS, 2018

S

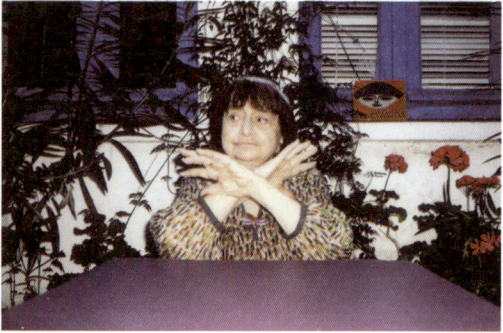

阿涅斯·瓦尔达拍了六十多年的电影，晚期专注于拍摄纪录片。她的作品荣获多个奖项，包括柏林电影节银熊奖、威尼斯电影节金狮奖、戛纳电影节金棕榈奖、多伦多电影节"格罗施人民选择奖纪录片奖"，以及奥斯卡终身成就奖。

大多数文章在写阿涅斯时都会提到，她是唯一一位在法国新浪潮运动的鼎盛时期参与其中的女性电影人。在我看来，没有比从她在巴黎左岸的全紫色房子写起更好的开头了。虽然她基本从不在周日约见外人，但她邀请我前去，因为她觉得周日的安宁可能更适合我们谈论过去和现在。她家静悄悄的，到处可见鲜艳的物品和植物，还有几只爱玩的猫，在我们的交谈过程中，一只猫一直在边上酣睡。阿涅斯在 2019 年去世，当时这本对谈录还未能集成出版。她留下了一系列惊人的作品，向人们证实了她确实是电影史上最伟大的导演之一。能与她相会，并记录下这些精彩的故事，我备感荣幸。永别了，阿涅斯。

阿涅斯·瓦尔达：你看到桌上有大朵的兰花吗？

乌戈·韦尔塔·马林：看到了。

瓦尔达：很美，是不是？

马林：是的……不过也有点怪异。

瓦尔达：是的。又怪异又美丽。我想类似这样开始这场对话：乌戈，我们在一起，坐在一大朵白兰花旁边；花很亮丽，它形态怪异，但很美……正如我相信世上的每个人都很美。只要你去看看人们就知道，我们都有以各种方式发现美的渴望。事实上，你可以在每个人身上找到美。我一直对普通人感兴趣，那些我这辈子遇到过的不为人所知、不出名的人。在你的书里，你写的是世人皆知的女人，有些人很出名，还有些不太有名——比如我（笑）。但这与我做纪录片的理念不一样，我选择去和工人、渔民、农民、街上的人、田里的人相遇，描绘他们，和他们交谈。我也和一些职业演员——优秀的演员——拍过虚构电影，但非常非常少，虚构电影不是我所擅长的。

马林： 开始谈论电影之前，能不能先聊聊你成为电影导演之前的生活？

瓦尔达： 小时候，我从来都不是好学生。我没上大学，所以，从这个意义上说，我没有文凭。每一件事都是我自学的。所有的考试我都没考过；相反，我会去听有趣的人说话，像是哲学家加斯东·巴什拉[1]，他给我留下了非常深刻的印象，让我用不一样的方式思考。我还去听超现实主义诗人和画家的讲座，比如我年轻时代的著名画家、大师，毕加索。这些艺术家对我的启迪甚至超过了电影，因为那时我还没怎么接触过电影。

事实上，大家总是问我，在我二十五岁写我的第一部电影剧本时，哪些电影给我的启发最大，但其实，我那时只知道四五部电影而已。我那时对电影了解得真的很少，而正巧，我只需要花很少的钱就可以拍那部电影。我想办法搞到了钱，大部分来自我父母，那时我父亲已经去世了，给我留下了一小笔遗产。剩下的部分，好吧，每个参与者都是友情帮忙，不要钱。在 20 世纪 50 年代你还能这样做，你知道，1953 年或 1954 年。村里的渔民们非常高兴能有机会参与拍电影，而且很包容电影的疯狂之处。我说疯狂，是因为把两个演员扔到一群真正的渔民中确实有点疯……

马林：不可思议。

瓦尔达：是的。所以，我一直游走在虚构和现实场景之间，我想向这个世界呈现能够让人理解的、美好的、让人好奇的电影，展现普通人的美。让人们互相谈论他们的爱情、工作和家庭。

马林：你怎么在年纪轻轻的时候就获得了"法国新浪潮祖母"这个称号？

瓦尔达：自从我 1954 年拍了第一部电影《短岬村》（La Pointe Courte）后，他们就这样叫我。是很奇怪，因为当戈达尔和特吕弗……这么说吧，当戈达尔的《筋疲力尽》和特吕弗的《四百击》"震惊影坛"后，这些电影立刻变得很重要、很成功，《电影手册》的一些人也加入了这个群体，也就是十年后人们所说的"新浪潮"。所以，人们提起我时总会想到新浪潮，但我实际上从来都不是那个团体中的一员；我也不是《电影手册》的一员，他们也非常重要，因为他们一直在写影评、讨论电影。他们大概看了一千部电影吧……

马林： 你属于哪个特定的团体吗？

瓦尔达： 不，没有什么团体。当时我就已经住在这个房子里了，没参加过哪个俱乐部或团体。我非常孤独地做我的电影。后来我遇到了雅克·德米[2]，我们一起住在这里。我们还有别的朋友，克里斯·马克[3]和阿伦·雷乃，他们都住在附近，也都是自由人，你知道，他们也不属于任何团体。我们被称为"左岸派"[4]，但还是那句话，这依然是一群人在给另一群人贴标签而已。

马林： 那时候，对你来说，做电影是一种乌托邦式的活动吗？

瓦尔达： 好吧，你提出了乌托邦的问题，但我看不出做电影和乌托邦有什么关系。我只想让电影与众不同，不仅仅是改编一本书、一出戏、一起真实的社会事件，或者你会在报纸上读到的什么文化现象。我希望电影能无中生有——从预想不到的地方生发。我看到文学界和绘画界都出现了令人难以置信的变革，而电影只是在自我重复。有些艺术家试图用某种方式做出改变，以实验的方式，比如欧洲的让·爱泼斯坦[5]，或美国的玛雅·黛伦[6]这样的电影人。

马林：安迪·沃霍尔。

瓦尔达：安迪·沃霍尔是非常重要的电影人，因为要看他创作的电影，是有难度的，它们都无比漫长，比如展示帝国大厦的那部片子，或者关于一个人睡了五小时的那部电影。但你知道，那些电影都是宣言。他在处理时间和时间的延续，而且他做电影的时候根本不在乎能不能取悦观众。

马林：而且，他的大多数电影都没有叙事性。

瓦尔达：是的，哪怕我们可能不想每天晚上都看他的电影，他仍然是非常重要的艺术家，因为他在应对重复、连续事件，而既然我们已经身处一个事件连续发生的世界……

马林：他是各种事件的先驱者，我想。

瓦尔达：在很多方面都是先驱……当他拿起金宝汤的罐头，用我们在超市里看到的那种堆放方式摆放它们时，你知道，他就是在利用现实世界来进行艺术创作。他展现了生活就是艺术，艺术就是生活。

马林：他在某种程度上影响了你的创作吗？

瓦尔达：没有，因为我更早一点就用现实创作了。但我很尊重他，我认为他帮助了艺术家和电影人走出常规，走出电影中常见的时间线、心理学和故事情节。

马林：尤其是当人们绞尽脑汁想找到一个好故事的时候……

瓦尔达：所以，我认为他应该是所有电影人的一个重要参考。

马林：你们最初是怎么认识的？

瓦尔达：我是和雅克·德米一起见到他的，去了他在纽约著名的"工厂"。电梯门一开，你就立刻被丢进了那个世界。

那儿总有他的朋友们，都是年轻人、歌手、作家，你知道，就是一个艺术的世界——边缘人的世界。他看过我的电影，说他很喜欢，所以是他邀请我们去的。实际上，我想邀请他的缪斯薇娃出演我 1968 年的电影《狮子、爱、谎言》（*Lions Love*）。所以我去找薇娃，结果他也对这个片子有兴趣了，这就是为什么他把薇娃和我的照片放在了《采访》杂志的首刊封面上。

马林：五十年后，你又一次登上了那个封面……

瓦尔达：很好玩，因为那意味着，即便我们不想，也终究会成为历史的一部分。

We had the pleasure of being free to question the world we live in with empathy

我们很高兴能自由地向我们生活在其中的这个世界发问，与之共情

马林： 赚钱是否改变了你拍电影的方式？

瓦尔达： 我的电影从来都没赚到过钱。大概只有一部，《天涯沦落女》（*Sans toit ni loi*）可能有盈利，但每部电影都只能让我赚到很少的钱。我基本上被大家视为艺术家、摄影师，假以时日，才作为电影人而被大家接受。

我想说的是，我并不是通过电影讲故事，而是不停尝试不同的电影结构，竟然也得到了认可，作为一个艺术电影人被大家喜爱了。我用过各种手段，比如特写镜头、主镜头、中景镜头、低角度和剪辑，我用我的方式。我会实践我所谓的"电影写作"（*cinécriture*），试图找出一种可以捕捉到人的本质的风格，我不是要取悦他们，而是要让他们进入电影。

你知道的，我和艺术家 JR[7] 合作拍摄的最后一部电影，一部纪录片，捕捉到了人的本质。我们很高兴能拍出一部关于法国农村普通人的社会学电影：他们都默默无闻，有的是在工厂工作的农民，有的生活在小村庄，有的专门制作农舍奶酪——很好的奶酪，我们让他们谈论山羊，谈论生活。我们很高兴能自由地向我们生活在其中的这个世界发

I have always been sw
in between fiction and
situations that I want t
understandable, beau
intriguing to the world
show that ordinary pe
are beautiful

aming
al
make
l,
nd
le

我一直游走在虚构和现实场景之间，
我想向这个世界呈现能够让人理解
的、美好的、让人好奇的电影，展现
普通人的美

问，与之共情，去拍摄这些人，把我们的经历和友谊搬上银幕。我在电影里总是钻研一个课题，但我也允许自己偏离一些……有点像是我用我的右手驱动电影，同时用我的左手拍照，拍下一些与主题无关的场景。

马林：在你的电影制作中，偶然事件或意外会起到什么作用？

瓦尔达：哦，是个重头戏。我总会留出空间给意料不到的状况。这就是为什么我喜欢做电影人。

马林：你如何选择自己电影的主题？

瓦尔达：我的电影是关于人和历史的；洞见人们的各种问题、各种人生。收入很低的人，或没有钱的人。你知道，当我拍摄我所住的街道上的店主或工厂里的工人时，我意识到那些人想想表达自己，也很喜欢被拍摄。他们喜欢，是因为我们的对话很朴实，不像是电视节目里的那类访谈，或综艺节目里的你问我答。相反，只是"我们就一起待一会儿"。我觉得你在这本书里所做的事也是一样的。

对于你提出的有关"新浪潮"的问题，我没兴趣给出宏大的答案。那是电影史的一部分，你看书、看杂志就能找到答案。我感兴趣的是和其他艺术家、和其他人交流。所以我乐于和另一位艺术家、电影人雅克·德米一起生活。他拍的电影和别人的不一样。你或许看过《柳媚花娇》（*Les Demoiselles de Rochefort*）、《驴皮公主》（*Peau d'âne*）或《瑟堡的雨伞》？

马林：凯瑟琳·德纳芙的惊人之作。

瓦尔达：是的。他拍的电影不属于主流，和在电影院里赚钱的电影截然不同。我们从未拍过大片，或者能让我们一夜成名的那种电影……但我们终究被世人所知，成了电影史的一部分。后来，在人生后半程，我采取了另一种立场。

马林：更艺术的立场。你从什么时候开始决定做视觉艺术的？

瓦尔达：你说得对。2000 年后，我开始作为视觉艺术家去创作。我想去改变观众和艺术家的关系。我不再制作可以在大银幕上看的电影，而是把电影做成装置。我做了一个关于法国努瓦尔穆捷岛的寡妇的装置作品，名为《寡妇》(*Les Veuves de Noirmoutier*)，包含了十四个视频，但人们只能听到一个寡妇说话。这个作品将私人和公众、黑白和彩色、录像和电影并列，尝试融合它们。我总想利用我善用的手段去创作，去向观众展示好几种情感。

电影和录像是美好的沟通方式，美好的理解世界的方式——不是改变世界，但也许会改变观看电影、观看艺术的人们的视角。作为艺术家，我们必须从我们的视角去创作。我们可以为事物的现实性做些什么？现实既美丽又丑陋，你说呢？我们每天在新闻、电视、广告中看到的事情；有些杂志只刊登卖化妆品和衣服的广告。内容在哪里？真正的人在哪里？作为艺术家，我们必须呈现这些内容，为世界增添一些别的东西。所以，我接受了这个采访，因为这是个有趣的项目，我喜欢和我尊敬的人坐在一起，置身于一群我喜欢的艺术家当中。

马林：你觉得与哪些女性电影人心有灵犀？

瓦尔达：简・坎皮恩[8]真是好到令人难以置信……我老了，记忆里有很多洞（笑）。噢，还有香特尔・阿克曼[9]——极具实验性的、很强大的电影人。

马林：在你看来，在过去的几十年里，女性在电影行业的情况有什么改变？

瓦尔达：不太多。你知道，我不介意被归入女性艺术家群体，能成为《MoMA 现代女性》名录中的一员让我很自豪，但说实话，我宁愿被放在一个普通名录中。为什么我们必须各玩各的呢——男人比男人的赛，女人比女人的赛？一直以来，社会总是把女性和男性分开，我们必须为做同一份工作获得同等的薪酬做出抗争。至于电影产业，为什么有名的女导演那么少呢？

马林：您读过琳达·诺克林[10]的《为什么没有伟大的女性艺术家？》吗？

瓦尔达：怎么说的？

马林：诺克林将此归咎为社会制度的本质，而非女性艺术家缺乏能力，或欠缺"伟大"之处。

瓦尔达： 伟大的女性艺术家有很多——比如路易丝·布儒瓦，我还能说出更多人，但我理解你说的这一点。有个意大利新晋导演叫阿莉切·罗尔瓦赫尔[11]——她很有原创性。在美国，还有位拍大片的女导演叫凯瑟琳·毕格罗[12]。还有一些非常有趣、不太主流的艺术家。我不重复刚才的话了，但我认为你的书将有助于让女性艺术家们为人所知。

马林： 谢谢你。我也希望如此……你认为自己是政治艺术家吗？

瓦尔达： 他们称我为政治电影人，因为我很多次涉及了政治问题，尤其是我拍了纪录片《黑豹党》（*Black Panthers*）那阵子。我去了黑豹党[13]组织示威的活动现场，抗议关押休伊·牛顿时我也在场。我也在 1962 年去了古巴。从某种层面上来说，人们并不想知道古巴发生了什么，所以它有了政治性。

1957 年，我在中国做了一个项目，当时，中国甚至还没有进入联合国——你能相信吗？我也参与女权运动：妇女如何被物化？她们的工资是多少？女性普遍受到怎样的待遇？我这一辈子都是女性主义者，一直在为女性权利奋斗。

你知道，昨天在巴黎有一场关于气候变化的游行，我女儿（罗莎莉·瓦尔达［Rosalie Varda］）去了。我记得她小时候总是被我带着一起去参加各种示威活动，现在呢，她不能带着老母亲上街三小时了。我做不到了。或许以后吧（笑）。

马林：（笑）还有一部可以影射政治的电影，《拾穗者》（*Les glaneurs et la glaneuse*）。

瓦尔达：是的，说到《拾穗者》，有件事有时候会被我当笑话讲：土豆通常是椭圆形或圆形的，但心形的土豆很特别，农民都不肯卖，因为他们觉得它们太畸形了。这很有趣，我把这件事关联到我们的社会，社会里被认为不符合标准的人会被区别对待、被拒绝。所以，你知道，一切都有政治性：男人，女人，甚至蔬菜都有。

马林：你的美学观是什么？

瓦尔达：日常生活就是美。我一直乐于给出这种建议：在咖啡馆里安静地坐一坐，看看——看人，看你面前发生的一切。如果你有一个取景框，不要离开它。看什么进入画面，什么消失在镜头外面。从进入画面的东西中收获、学习，就像个摄影师或电影人那样。只需在镜头前静静坐着，你就能从生活中发现很多美丽的东西。

马林：越来越多的艺术家成了名人，你对此有何看法？

瓦尔达：这事有点微妙，因为如果你是艺术家的话，就会想要被人看到、被世人所知。你做艺术不是为了把艺术品藏在抽屉里。对电影创作者来说也一样，你说呢？我们希望大家知道我们，认可和欣赏我们的作品。在某些时候，欣赏会变得很重要，所以，知道你的人越来越多，你就成了名人。终究是这样的走向，这很正常。现在，你可以在不同的层面、出于不同的缘由而被大众所知——因为你赚了很多钱，因为你赢得了网球比赛，或者因为你是个体面的艺术家——而那种认可是必要的。这样被人所知，感觉很好。

马林：最能带给你灵感的是什么？

瓦尔达：有时是现实，有时是其他艺术家或电影人的作品，有时是纯粹的灵光一闪。意料之外的想法会激发我的创作。

马林：你对戛纳这样的大型电影节有什么看法？

瓦尔达：我们需要电影节，因为只有在电影节上才能看到非商业电影。所以，我们要去参加电影节，引起关注。但随之而来的是什么？华服、明星、红毯、奖品和采访。这都是游戏的一部分。对电影来说，奖金和奖项有助于我们继续做电影。电影节是我们的窗口。

马林：关于你自己，你能做出的最诚实的表述是什么？

瓦尔达：尽管我现在已经很老了，但我仍然保持好奇，实属荣幸。

1　加斯东·巴什拉（Gaston Bachelard，1884—1962），法国 20 世纪重要的科学哲学家、文学评论家、诗人，被认为是法国新科学认识论的奠基人。

2　雅克·德米（Jacques Demy，1931—1990），法国电影导演、编剧、监制和演员，作品风格接近法国新浪潮。1962 年，他与阿涅斯·瓦尔达结婚。

3　克里斯·马克（Chris Marker，1921—2012），法国作家、摄影师、纪录片导演。他与法国著名导演阿伦·雷乃经常合作，两人同时也是朋友。

4　"左岸派"（Left Bank Group），20 世纪 50 年代末出现在法国的一个电影导演群体，因成员都住在巴黎塞纳河的左岸而得名。这个群体包括阿伦·雷乃、阿涅斯·瓦尔达、克利斯·马克、玛格丽特·杜拉斯和亨利·科尔皮等一批著名的艺术家。但"左岸派"实际上并没有组成一个"学派"或"团体"，他们只是一批相互间有着长久的友谊关系、艺术趣味相投并在创作上经常互相帮助的艺术家。

5　让·爱泼斯坦（Jean Epstein，1897—1953），波兰导演，早期电影理论家，是最早实践快速剪辑、节奏剪辑、特写和叠印等技巧的电影人之一。

6　玛雅·黛伦（Maya Deren，1917—1961），美国导演、演员、电影理论家，其实验电影对美国先锋电影产生了重要影响。

7　JR（Jean-René，1983—　），法国摄影师、街头艺术家。JR 是他的化名。他于 2000 年开始从事摄影，早期以拍摄街头涂鸦为主，而后决定以巴黎街道的墙为画布创作他的作品。2017 年，由阿涅斯·瓦尔达和 JR 共同执导的纪录片《脸庞，村庄》在戛纳电影节上映，斩获纪录片金眼奖。

8　　简·坎皮恩（Jane Campion，1954—　），新西兰知名导演，代表作有《钢琴课》《犬之力》等。

9　　香特尔·阿克曼（Chantal Akerman，1950—2015），比利时杰出导演，女性主义电影先驱，代表作《让娜·迪尔曼》《非家庭电影》等。

10　　琳达·诺克林（Linda Nochlin，1931—2017），美国著名艺术史家，《为什么没有伟大的女性艺术家？》（*Why Have There Been No Great Women Artists?*）是她 1971 年出版的知名作品。

11　　阿莉切·罗尔瓦赫尔（Alice Rohrwacher，1981—　），意大利新锐导演，代表作有《幸福的拉扎罗》《奇迹》等。

12　　凯瑟琳·毕格罗（Kathryn Bigelow，1951—　），美国知名导演，代表作有《拆弹部队》《猎杀本·拉登》等，曾获奥斯卡金像奖。

13　　黑豹党（Black Panther Party），存在于 1966 年到 1982 年的美国黑人社团，由休伊·牛顿（Huey Newton）和鲍比·西尔（Bobby Seale）在加利福尼亚的奥克兰创建，旨在促进美国黑人的民权。1967 年 10 月，黑豹党与警方的一次枪战导致了一名奥克兰警察死亡，牛顿继而被捕。

关于作者

乌戈·韦尔塔·马林出生于墨西哥，是一位跨界艺术家、平面设计师，作品均围绕性别与文化身份议题。自 2012 年移居纽约以来，他已与美国和墨西哥的多个文化机构合作，包括所罗门·R. 古根海姆博物馆。2014 年，他加盟行为艺术家玛丽娜·阿布拉莫维奇的工作室，担任艺术总监，与她合作，在哥本哈根的丹麦皇家图书馆、圣保罗庞贝的 SESC 休闲中心、斯德哥尔摩的当代美术馆、西班牙的马拉加现代艺术中心、洛杉矶的艺术天堂（The Art of Elysium）、巴塞尔的贝耶勒基金会美术馆、伦敦的皇家艺术学院等世界各地的艺术场馆展开活动。乌戈曾在纽约的洞画廊（The Hole Gallery）、蒙特利尔的不分离画廊（Never Apart Gallery），以及墨西哥的 Casa Wabi 和当代艺术大学博物馆（MUAC）开设个展。他还参与了 2019 年东京 Casa Nano 的艺术家驻地项目。

鸣谢

在此向每一个帮助本书完成的人致以我诚挚的谢意。感谢我的编辑安娜·戈弗雷（Anna Godfrey）所付出的一切努力和编辑工作。真的太棒了！感谢 Prestel 出版公司与霍利·拉杜（Holly La Due）的胆识和对这个项目所抱有的信心。

感谢我的文字编辑特雷莎·拉斯科娃（Tereza Racekova）和玛莎·杰（Martha Jay）让本书文辞优美。感谢索尼娅·迪亚科娃（Sonya Dyakova）和她的团队把控了整体设计。堪称完美！感谢我的经纪人乔恩·迈克尔·达尔加（Jon Michael Darga）和 Aevitas 经纪公司在整个过程中贡献了无限的援助。

特别感谢我的家人与朋友对我无条件的爱和支持。

最重要的是，我想感谢使本书得以实现的那些传奇艺术家。她们中不乏我们这个时代最伟大、最有影响力的大师，但当我提出请求时，她们都愿意敞开自家的大门，敞开灵魂，吐露心声。谢谢你们。

特别感谢：

Giuliano Argenziano, Verónique Auriol, Tristan Breed, Nathalie Canguilhem, Angela Conant, Ciné Tamaris, Ian Costello, Christa Dallas, Todd Eckert, Sydney Fishman, Fondazione Prada, Gladstone Gallery, Tara Goldsmid, Anne Hermeline, Armando Huerta Sanchez, Armando Huerta Marin, Gabriela Huerta, Jo, Cathy Koutsavlis, Marc Kroop。 Joaquim Lino, Thomas Manzi, Alicia Marin, Sofia Menasse, Connor Monahan, Diego Marroquín, Chiara Michieletto, Graehme Morphy, Emilia Muciño, Paola Origel, Suzannah Pettigrew, Tereza Racekova, Hector Robles, Julian Rosefeldt, Michael Stirton, Giulia Theodoli, Rosalie Varda, Verde Visconti, Harry Weller, Billy Zhao

关于译者

于是，作家、文学翻译。

著有《有且仅有》《查无此人》等小说和散文。

译有诺贝尔文学奖得主奥尔加·托卡尔丘克、布克奖得主玛格丽特·阿特伍德、国际布克奖得主玛丽克·卢卡斯·莱纳菲尔德、惠特布莱德图书奖得主珍妮特·温特森、美国国家图书奖得主斯蒂芬·金等作家的著作三十余部。

SPRING 野
更具体地生长

主　编｜苏　骏
特约编辑｜夏明浩

营销总监｜闵　婕
营销编辑｜狄洋意　许芸茹

版权联络｜rights@chihpub.com.cn
品牌合作｜zy@chihpub.com.cn

野望 SPRING MOUNTAIN

出品方　春山望野（北京）
文化传媒有限公司

Room 216, 2nd Floor, Building 1, Yard 31,
Guangqu Road, Chaoyang, Beijing, China